HANS DACKWEILER

Gedanken zum Wesen handwerklicher Arbeit

Heilpädagogik und Sozialtherapie
aus anthroposophischer Menschenkunde

13

Herausgegeben von Michael Dackweiler,
Angelika Gäch, Rüdiger Grimm,
Hans Müller-Wiedemann

HANS DACKWEILER

Gedanken zum Wesen handwerklicher Arbeit

Erfahrungen eines Sozialtherapeuten

VERLAG FREIES GEISTESLEBEN

Die Deutsche Bibliothek – CIP-Einheitsaufnahme

Dackweiler, Hans:
Gedanken zum Wesen handwerklicher Arbeit:
Erfahrungen eines Sozialtherapeuten / Hans Dackweiler. –
Stuttgart: Verlag Freies Geistesleben 1996
(Heilpädagogik und Sozialtherapie aus
anthroposophischer Menschenkunde

ISBN 3-7725-1577-0

NE: GT

Einband: Walter Schneider
Druck: Paderborner Druckzentrum

Inhalt

Vorbemerkung

Die Gedanken zum Wesen der Arbeit begleiten mich schon lange. Teile der vorliegenden Schrift habe ich in Vorträgen ausgesprochen und auch in mehreren Privatdrucken veröffentlicht. Hier liegt nun eine Ergänzung und Überarbeitung vor. Ich werde weiter an diesen Gedanken arbeiten und bin froh um Beiträge von Lesern.

Das Feld dieser Beobachtungen ist vielschichtig, und die Zuordnung von Wahrnehmungen kann unter ganz verschiedenen Gesichtspunkten erfolgen. Hier wird das Arbeiten nach der Weise des Handwerks und der Manufaktur betrachtet. Die Beobachtungen entstammen dem Handwerk in verschiedenen Gewerken, vor allem aber dem handwerklich-pädagogischen Bereich. Als Werklehrer an einer Waldorfschule und als Werkstattleiter in der anthroposophischen Sozialarbeit konnte ich wahrnehmen, wie verschiedene Materialien, Arbeitsweisen und bestimmte Produkte auf den Tätigen wirken. Diese Gesichtspunkte sind vor allem pädagogisch und therapeutisch orientiert und interessieren in erster Linie den Werklehrer und den Leiter einer Werkstatt für behinderte Mitarbeiter. Sie mögen aber auch interessant sein für Menschen, die in der Lehrlingsausbildung, in Berufsfindungsseminaren und in therapeutischen Zusammenhängen tätig sind.

Der Arbeitende bewegt sich durch das Tun in einem Feld, das auf ihn zurückwirkt. Er geht eine innige Verbindung ein mit dem verarbeiteten Material, der angewendeten Arbeitsweise und den zu erwerbenden Arbeitsgesten. Diese Gesichtspunkte aufzuzeigen und dem Leser für die Praxis verfügbar zu machen ist das Ziel dieser Schrift.

Moderne Produktionsweisen sind fast immer differenziert. Sie haben sich durch die Aufgliederung der Arbeitsgänge von den zugrundeliegenden Formen entfernt. Diese Seite der Arbeit wird hier nicht betrachtet.

Ganz sicher gibt es bei modernen Arbeitsweisen Methoden und Bedingungen, die bei einer allgemeinen Betrachtung nicht genügend berücksichtigt werden können. Es ist trotzdem berechtigt, Strukturen des Elementes «Arbeit» zu fassen, die sich zunächst einmal der Faßbarkeit und Überschaubarkeit wegen an Arbeitsweisen orientieren, die gestern mehr als heute angewendet wurden. Handarbeit und Manufaktur orientieren sich mehr am tätigen Menschen, als die heutige Industrie es tut. Deshalb ergeben die Betrachtungen solcher Arbeiten mehr an Orientierungshilfen. Es bleibt zu prüfen, ob die gewonnenen Einsichten in bezug auf heutige und morgige Arbeitsbedingungen hilfreich sein können.

Es ist wesentlich, darauf hinzuweisen, daß die Gedanken, die zu dieser Schrift führten, aus dem Bemühen um ein Verstehen von Mensch und Welt entstanden, wie Rudolf Steiner es in seiner Anthroposophie darlegte. An vielen Stellen der vorliegenden Arbeit werden sich Fragen nach den Hintergründen dieses Denkens ergeben. Sie wurden aus dem Werk Rudolf Steiners erarbeitet.

Ich habe Frau Christiane Drechsler zu danken, die in der freundlichsten und verständnisvollsten Weise bei der Überarbeitung des Ganzen geholfen hat.

Lautenbach, 16. März 1995 *Hans Dackweiler*

Einführung

Das Phänomen Arbeit umfaßt außerordentlich viele Erscheinungsformen. Es ist ausgebreitet über das menschliche Dasein und steht dem Leben selbst so nahe, daß man es kaum von ihm abgrenzen kann. Der wachende Mensch ist immer tätig. Er regt seine Glieder, er regt seine Gedanken und teilt diese Bewegung der Umwelt mit.

Zweierlei geschieht beim Arbeiten: Der Mensch ist in Regsamkeit. Es wird Umwelt geändert.

Die Umwelt wird geändert nach Maßgabe dessen, was der Mensch beabsichtigt, was er vermag und was die Gegebenheiten gestatten.

Abel nimmt die Gaben Gottes, ohne sie zu verändern. Er schlachtet wohl Tiere und ißt sie, aber er ändert nicht, was Gott schuf, weder das Einzelding noch den Zusammenhang im Ganzen der Gotteswelt. Er ist Sammler, Hirt. Er ist Nomade, einer, der so lange an einem Ort bleibt, wie die Herde es braucht. Er ändert also nicht nur nicht, er richtet sogar sein ganzes Leben so ein, daß er sich dem Rhythmus der geschaffenen Welt unterordnet. Darum nimmt Gott sein Opfer wohlgefällig an.

Anders sein Bruder Kain: Er reißt die Erde mit dem Pflug auf. Er nimmt weg, was ihm nicht dient: das Unkraut. Er bricht den Stein aus dem Felsen, er fällt den Baum und schneidet Bretter. Er nimmt, was er haben will, und weist ab, was er nicht haben will. Er verändert die Erde und ihren Zusammenhang. Er nimmt Teile, ordnet sie anders, verbindet Fremdes, schmilzt zusammen, was getrennt war. Er schafft aus der Gotteswelt eine eigene, die sich von der ersteren unterscheidet.

Seine Kinder setzen das fort: Einer der Söhne wird Schmied, der andere der Stammvater der Spielleute. Von Kain geht eine gerade

Linie zu den Städtebauern, den Ingenieuren, den Vätern der Kultur und der Zivilisation. Sie geht bis in unsere Zeit zu denen, die Arbeit im schaffend-umgestaltenden Sinne leisten.

Die andere Linie ist ein Strom, der wiederum seine Gefolgsleute hat bis in unsere Zeit: die Priester, Ärzte, Lehrer, die Heiler, die Pfleger. Hausfrauen gehören dazu und Heilpädagogen.

Es gibt auch vielerlei Mischungen unter diesen Strömen, aber sie zeigen immer wieder die eigene Gestalt. Unter den Sozialtherapeuten sind die Abelkinder diejenigen, die das Therapeutische besonders hervorheben, die den einzelnen pflegen durch Gespräch, durch Herzenszuwendung, aber auch durch gezielte Therapie.

Der andere Strom ist der des tätigen Lebens. In ihm wird die Strenge, der Ernst der Arbeit hervorgehoben. Er weist auf das Zukünftige des selbstlosen Schaffens hin. Er möchte den behinderten Menschen hinführen zur Zeitgenossenschaft durch ein tätiges, schaffendes Leben.

Die Abelsöhne haben manchmal das Gefühl, daß die Kainiten den Mitmenschen überwältigen, daß sie ihn um eines Zieles willen, das fragwürdig ist, nicht zu sich selber kommen lassen.

Die Kainiten haben oft den leisen Verdacht, daß die Abelsöhne einander hätscheln und dadurch vom Ernst des Lebens wegführen. Sie haben den Eindruck, daß solche Zuwendung leicht übertrieben wird und den einzelnen so verweichlicht, daß er seinen Platz im Leben nicht mehr wahrnehmen kann.

Es ist für uns wichtig zu bedenken, daß beide Ströme zum Ganzen gehören, daß Vertreter beider Richtungen Gutes leisten und beide Arten von Tätigkeiten unter den Begriff Arbeit fallen. Die eine weist allerdings mehr in den Dienstleistungsbereich, die andere in den der Produktion. Aber keine kann ohne die andere sein.

Die Regsamkeit, das Tätigsein ist dem Menschen so tief eingeschrieben, daß es vom Wesen des Menschseins nicht getrennt erlebt werden kann. Es ist ein Glied seines Organismus, ohne das er nicht Mensch ist. Wird jemand daran gehindert, in angemessener Weise tätig zu sein, dann wird er bald Unbehagen empfinden, das sich schnell bis zum Gefühl des Krankseins steigert.

Äußerlich gesehen arbeitet man für seinen Lebensunterhalt. Je mehr man leistet an Menge und Qualität, um so mehr erhält man an

Wert oder an Entsprechung des Wertes. Seit etwa einhundertfünfzig Jahren steht der Gedanke der Leistung in Mittel- und Westeuropa im Vordergrund der wirtschaftlichen Betrachtung. Diese Betrachtungsweise hat die Entwicklung der modernen Leistungsgesellschaft ermöglicht und den heutigen Wohlstand gebracht. Da sind Werte geschaffen worden, die niemand missen möchte. Aber ein nächster Schritt ist jetzt zu tun, um von ihr zu einer menschengemäßen Betrachtungsweise zu kommen. Daß die folgenden Überlegungen sich mit den ökologischen Gedanken überschneiden, ist kein Zufall. Die beiden Betrachtungsweisen bemühen sich auf verschiedenen Wegen um ähnliche Inhalte. Sie werden gegenseitig mannigfache Anregungen finden.

Der Leistungsgedanke stimmt auf dem äußeren Feld, auf dem der Veränderung der Umwelt. Er stimmt auch in bezug auf den Mitmenschen, der auf die Produkte des Tätigen angewiesen ist. Er stimmt aber nicht in bezug auf den Tätigen selber. Schaffen und Tun sind ursprüngliche Bedürfnisse. Der Mensch muß sich bewegen, muß tätig sein, sonst erleidet er Einbußen an seinem Selbst. Der hingegeben arbeitende Mensch ist weder für sich tätig, noch denkt er an sich selbst. Er arbeitet – in der Zielrichtung seines Tuns – für den Mitmenschen.

Sicherlich kann man auch für sich tätig sein oder für den ganz nahen Lebensumkreis. Aber dann spricht man nicht von Arbeiten, sondern von Basteln, von Hobby oder Spiel. Diese Tätigkeiten haben ganz ohne Zweifel ihre Daseinsberechtigung und wesentliche Bedeutung für den einzelnen, aber es handelt sich nicht um das, was man «Arbeit» nennt. Erst wenn die Tätigkeit auf andere gerichtet ist, spricht man zu Recht von Arbeit.

Arbeit ist also – vom tätigen Menschen her verstanden – ein Hingegebensein, ein altruistischer Vorgang. Der Leistungsgedanke hat diese Tatsache verdeckt, dem aufmerksamen Beobachter zeigt er sich.

Beobachten wir den tätigen Menschen: In seinem Tun ist reine Hingegebenheit, der seelischen Qualität nach ist es Sympathie, diese in reiner Form ist Liebe. Welche Hausfrau kocht eine Suppe für sich? Oder im Hinblick auf den eigenen Hunger? Sie denkt bei der Zubereitung an die Kinder, den Mann, und wenn es ihnen schmeckt, genießt auch sie.

Liebe ist nicht zu denken als statisches, ruhendes Wesen. Sie ist immer mit Tätigkeit verbunden. Das Kind erlebt die geliebte Mutter immer als tätige Mutter. Die wenigen Augenblicke wirklicher Ruhe sind eingebettet in mannigfache Tun. Dieses immerwährende Tätigsein macht Leben möglich und wird mit dem gleichgesetzt, was Liebe genannt wird.

Hingegebenes Tun ist Liebe.

Man beobachte den Bauern, der einen Wegrand mäht. Einen Schreiner, der ein Brett schleift, hobelt. Einen Gärtner, der ein Saatbeet bereitet: In all solchem Tun wirkt unbewußt Liebe. Ohne Liebe kann kein Handwerker Materialgefühl entwickeln, er wird kein Werkzeug gelassen handhaben. Selbst schwere Maschinen müssen mit einem Feingefühl gesteuert werden, das Liebe zum Tun genannt werden muß.

Im hingegebenen Tun vergißt der Mensch sich selbst. Alles Denken und Wollen ist auf die Arbeit gerichtet, für das Eigene bleibt kein Raum. Erst in der Arbeitspause kommt Besinnung auf sich selbst. Danach tritt der Mensch wieder zurück hinter die Aufgabe, der er sich widmet. Insofern ist der Arbeitende selbstlos. Ist ein Mensch hierzu nicht in der Lage, wird er nicht gut arbeiten können. In sein Tun fließen stauende Elemente, die in der Folge den Menschen und sein Werk beeinträchtigen.

Man sieht: Hingegebenes Arbeiten ist ein strömendes Element, das den Tätigen durchfließt. Dieses strömende Element fließt in die Ware zum Mitmenschen. Und über allem Gebrauchswert der Ware ist es dieses, was ihr Wert gibt. Man sollte sich hüten, Gebrauchswert und strömendes Liebeselement zu trennen. Sie gehören zusammen. Nur wird in der heutigen Betrachtungsweise der Gebrauchswert einseitig gesehen. Unsere Überlegungen sollen dazu beitragen, die eigentliche Qualität dieses Wertes zu erfassen (wir werden in Kapitel 15 näher darauf eingehen).

Bewegung und Tätigsein gehören zum wachenden Menschen wie Atem und Puls. Der gesunde Mensch verschafft sich Bewegung. Bewegung ist in Spiel, Sport, Hobby. Bewegung ist in allem Arbeiten, auch im sogenannten geistigen Arbeiten. Bei Spiel, Sport und Hobby ist es auf den bewegten Menschen selber gerichtet. Das Tun macht ihm Spaß. Die Arbeit jedoch ist auf den Mitmenschen gerichtet. Denn der Mitmensch sagt dem Produzenten, was er braucht, was hergestellt werden muß. In unserer Zeit der Überproduktion und der Werbung kann man den Eindruck haben, daß die Produzenten den Markt manipulieren. Und das ist wohl auch zum Teil richtig. Aber es kann nicht verdecken, daß der Wunsch des Käufers maßgebend bleibt und den Markt bestimmt. Auch große Unternehmen, die teure und intensive Marktforschung betreiben und den Markt zu beeinflussen suchen, erleben Überraschungen, weil die Menschen sich als Käufer anders verhalten, als vorhergesehen werden konnte.

Es hat nur Sinn, Waren herzustellen, wenn sie auch verkauft werden können. Der Käufer bestimmt selber, was und wieviel er kaufen möchte, und er beeinflußt den Preis der Ware durch bewußtes Kaufen. Der Hersteller muß sich danach richten, sonst arbeitet er ins Leere. Also richtet er sich im Tun ganz nach dem Käufer aus. Der ist der Mitmensch. Wer so auf den Mitmenschen eingeht, verhält sich altruistisch. Arbeit erzieht zu dieser Seelenhaltung. Bei Spiel und Sport darf der Mensch sich egoistisch verhalten. Beides gehört ihm an. Spiel, Sport und Hobby sind dem Einatmen vergleichbar, das Arbeiten für andere dem Ausatmen. Beides muß gepflegt werden, beides ist gleichermaßen wichtig. Es ist aber nötig, den Ort zu wissen, an dem man sich aufhält.

Eine interessante Betrachtung ist die folgende: Welche Waren sollten im einen, welche im anderen Bereich hergestellt werden? Es gibt Produkte, die zu teuer oder zu exklusiv sind, um regulär hergestellt zu werden. So gibt es Imker, die den gewonnenen Honig lieber verschenken als verkaufen, weil der Preis in keinem Verhältnis steht zum Arbeitseinsatz. Wer als Imker seine Arbeitsstunden berechnen will, kommt zu einem viel höheren Preis, als gefordert werden kann. Er kann also die Arbeit nur tun, wenn er sie nicht berechnet. Ähnlich ist es mit den vielen Handarbeiten, die Frauen für Kleinkinder leisten. Die Mühe ist nicht zu berechnen – wer es tun wollte, käme auf unmögliche Preise. Ein weiteres Beispiel ist die Herstellung guter Puppen. Viele Mütter nähen sie selbst; aber sie in solcher Qualität in einem gewöhnlichen Betrieb herzustellen würde einen Preis zur Folge haben, den niemand zu zahlen bereit wäre. Es gibt Produkte, die jeder braucht, für die man aber nicht bereit ist, einen angemessenen Preis zu bezahlen – es bleibt nichts anderes übrig, als sie zu verschenken. Der Gedanke kann umgekehrt werden: Es gibt Produkte, die dringend gebraucht werden und die von Menschen hergestellt werden, die lieber schenken als verkaufen. Großmütter schenken so gern – ein Ausdruck ihrer Unabhängigkeit, ihrer Reife und ihrer Freiheit.

Es führt zu schwerwiegenden Irrtümern zu glauben, man könne immer altruistisch sein. Ebenso falsch ist es, egoistische Motive in Bereiche zu tragen, die ihrem Wesen nach von Liebe getragen sind. Der Mensch mißversteht seine Stellung zu sich und zur Welt, wenn er seine Motive nicht kennt.

Das Handeln des Menschen hat etwas Endgültiges im Gefolge. Vor dem Tun gibt es mannigfache Möglichkeiten, beim Handeln selbst muß man sich jedoch zu einer davon entschließen, alle anderen werden ausgeschlossen. Das macht es so entschieden und einseitig. «Der Handelnde wird immer schuldig sein», sagt Goethe und weist damit auf dieses Gebiet des menschlichen Daseins.

Eine Handlung kann nicht rückgängig gemacht werden. Man kann versuchen, die nächste besser zu machen – aber die Reue über die mißlungene Handlung betrifft nur die eigene Person, nicht das objektive Ergebnis der Handlung.

Das trifft auf jegliche Tätigkeit zu: auf solche im sozialen Bereich, in der handwerklichen Arbeit, aber auch im ganz persönlichen Bereich. Der letztere scheint dem oberflächlichen Betrachter zunächst unverbindlich. Der Aufmerksame bemerkt jedoch, daß auch von ganz persönlichen Handlungen später Wirkungen aus der Umwelt auf den Verursacher zurückkommen. Andere Menschen waren beeindruckt von dem, was dieser Mensch tat, haben es – zu Recht – als Ausfluß seines Wesens betrachtet und konfrontieren ihn später mit diesem Eindruck.

Alles Handeln bewirkt eine Verbindung von individuellem Sein mit der Umwelt. Diese wird durch den Handelnden geändert und legt als so geänderte Welt Zeugnis vom Menschen ab, im Guten wie im Bösen. Der Mensch muß handeln, aber er tut gut daran, sich die Folgen seines Tuns vorher bewußtzumachen.

1.
Entwicklung der Arbeit in der Vergangenheit. Ausblick in die Zukunft

Menschen haben immer gearbeitet, aber sowenig wie der Vogel seine Tätigkeit des Nestbaues Arbeit nennen würde, sowenig nannte der Mensch der Frühzeit sein Tun Arbeit. Es war Erdensituation, sich mühen zu müssen.

Mit der oben angeführten Erzählung von Kain und Abel ist ein geschichtlicher Entwicklungspunkt gekennzeichnet, bei dem einfaches Mittun mit der Natur und Menschenbedürfnis übergeht in gezielte Tätigkeit. Während Abel, der Hirte und Nomade, sich der Natur, der Witterung, dem Jahreskreislauf unterordnet und die Gabe Gottes unvermischt, unverändert entgegennimmt, ändert Kain die Ordnung der Welt Gottes. Er benutzt die Geschenke des Vaters nach seiner eigenen Meinung. Er stellt der vom Vater geschaffenen Welt eine vom Menschen geschaffene gegenüber.

Beim Betrachten der geschichtlichen Entwicklung stoßen wir immer wieder auf diese beiden Urbilder: Salomo ist der Priesterkönig, dem Hieram den Tempel baut. Beide zusammen bewirken eine neue Ordnung auf der Erde. Sie wird geheiligt durch einen Gottesdienst, den der Mensch der Erde schenkt, sie so verwandelnd, daß Gottes Ordnung durch den Menschen auf Erden neu erscheint.

Der Pharao träumt Gottes Weisung, aber er kann sie nicht deuten. Joseph, der junge Eingeweihte aus dem Wüstenland, verhilft ihm zur Erkenntnis der Offenbarung, und zugleich kann er sie in Erdenwirklichkeit umsetzen. Der Pharao träumt die zukünftigen Geschicke seines Volkes, und Joseph trifft die Vorsorge, die die Menschen überleben läßt. Der Bauer arbeitet – der Priester und Eingeweihte gibt das Maß des Tuns an. Das war in damaliger Zeit Arbeit. Das Zielsetzen und Lenken war Sache des Priesters, das Tun Sache des Arbeiters. Die Geschichte von Joseph und dem Pharao enthält ein Rätsel. Die

Bauern vor dieser Zeit werden als freie dargestellt, die nach der Hungersnot sind aber versklavt. Das ist eine Lebensform, die seit Joseph das ganze Altertum kannte und für selbstverständlich hielt. Der Sklave arbeitete und diente, der Priester gab die Weisungen, die der göttlichen Ordnung entsprachen.

Die Sklavenarbeit der Frühzeit wird zu Unrecht als schlimmer Frondienst verstanden. Es gibt Erzählungen aus dieser Zeit, die deutlich machen, daß der Arbeiter und der Arbeitsleiter durch andere Kräfte verbunden waren, als sie uns heute zur Verfügung stehen. Vom Bau Thebens wird berichtet, daß Theseus so wunderbar die Leier oder die Flöte spielte, daß Steine sich von selber zur Mauer fügten. Auch für den Bau der Pyramiden gibt es solche Erzählungen. Die Macht der Musik wurde so erlebt, daß die Arbeiter, von ihr getragen, alle Mühe vergaßen und den Eindruck hatten, die Musik habe den Stein an seine Stelle gerückt. Eine ähnliche Erzählung gibt es von der Entstehung der Stonehenge-Anlage in England.

Auch die Römer versklavten Menschen und zwangen sie in ihren Dienst. In dieser Zeit waren aber die alten Kräfte bereits erschöpft, und die äußerliche Seite des Arbeitens erschien. Der Sklave schuf als geknechteter Mensch die Bauwerke der Römerzeit, er schürfte in den Bergwerken, er ruderte Galeeren auf dem Meer. Der Arbeitende wurde nicht mehr als Mensch geachtet, sondern nur noch als jemand, der die Arbeit leistet. Scipio ging noch hinter dem Pflug, als er zum Krieg gegen Karthago gerufen wurde. Viel später, als alter Mann, beklagte er die Entwicklung der Zeit. Die jungen Römer arbeiteten nicht mehr selbst, sie ließen die Latifundien von Sklaven bewirtschaften. Der Ertrag der Äcker sank dadurch beträchtlich.

Junge germanische Völker, die die römische Epoche ablösten, hatten eine andere Einstellung zum Mitmenschen. Allerdings war auch ihnen die Sklaverei selbstverständlich. Sie war als soziale Form so tief verankert im Gefüge der Zeit, daß sie weiter bestehen blieb und die Arbeitswelt beherrschte bis in unsere Zeit hinein. Auch in unseren Tagen wird beim arbeitenden Menschen nur selten die Persönlichkeit geachtet, die sich selbst im Schaffen einbringt.

Das Christentum brachte eine grundlegende Änderung. Die Mönchsorden der Benediktiner und vor allem der Zisterzienser erhoben das Arbeiten an der Erde zur Tugend. Die Erde wurde nicht nur bebaut, sie wurde gepflegt – vor allem da, wo sie unfruchtbar war. Diese Zuwendung zur Erde wurde gekrönt von den Kirchenbauten, die in der Wildnis entstanden. Dadurch erschien durch Menschenwerk eine Offenbarung Gottes in der wilden Natur. Beten und Arbeiten war ihr Grundsatz. Ohne diese neue Einstellung zum Tun wäre unsere heutige Zivilisation nicht geworden. Der Mensch nahm die Schöpfung des Vaters als Auftrag an. Er nahm an, verwandelte und gestaltete neue Gottesoffenbarung. Beten und Arbeiten war nicht zweierlei, das zueinander in Beziehung gesetzt wurde. Es war vielmehr eines im anderen enthalten. Wer betete, gestaltete an der Erde. Wer arbeitete, tat dies als Gottesdienst an der Erde.

Die Dombauhütten führten handwerkliche Kunst fort aus dem kirchlichen Raum in das profane Leben. Durch den Sakralbau entstand das Selbstbewußtsein der Handwerker. Daraus wiederum entwickelte sich das Zunftwesen. Dieses führte die Entwicklung einen entscheidenden Schritt weiter. Zunächst emanzipierte es die Arbeit vom kirchlichen Auftrag. Es schuf einen eigenen Bereich in den Städten. Die Menschen erlebten dabei großes Selbstgefühl. Der mittelalterliche Meister war sich seiner Leistung sehr bewußt. Die Formen der alten Möbel, die Verzierungen an den Werkzeugen zeigen es: Hier wirkten Menschen, die sich im Schaffen selbst erlebten, die sich am Tun selbst erwärmten.

Das mittelalterliche Zunftwesen gestaltete die Arbeitsgesetze, auf denen alles weitere Arbeiten erst möglich wurde. Das systematische Lernen des Lehrlings, das ihn zum Gesellen und Meister werden ließ, das Annehmen des Berufs als Erlebnis des eigenen Daseins führten weg vom Mitschwingen mit Gewalten, die außerhalb des Menschen bestehen, mit der Natur, mit Wetter, mit Gezeiten – hin zum unabhängigen Arbeiten, das sich seine Gesetze selber gibt.

Ende des 18. Jahrhunderts wurde der mechanische Webstuhl erfunden, etwas später die Dampfmaschine, und damit beginnt eine ganz neue Entwicklung. Es ist aber gar nicht die Maschine oder das mechanische Gerät, das die entscheidende Wende von der handwerklichen zur industriellen Arbeit bringt, es ist die andere Haltung zum arbeitenden Menschen, die das herbeiführt.

Zu Beginn des 19. Jahrhunderts entdeckte man, daß es preisgünstiger ist, wenn sich in einer großen Schreinerei die einzelnen Mitarbeiter auf den Bereich der Tätigkeit spezialisieren, den sie am besten beherrschen, und alle zusammen Möbelstücke bauen. Früher galt als

Geselle nur der Schreiner, der einen Schrank oder Tisch oder Stuhl vom rohen Holz bis zur Schlußlackierung allein und ohne Hilfe herstellen konnte. Nun änderte man die Arbeitsweise. Wenn früher ein Mann einen Schrank in 40 Arbeitsstunden herstellte und 20 Männer je 40 (= 800) Stunden brauchten, um 20 Schränke zu fertigen, so arbeiteten jetzt 20 Schreiner an jeweils einem Arbeitsgebiet und nur dort. Der eine sägte ausschließlich Rohholz in passende Stücke, der zweite hobelte sie paßgenau, der nächste fügte, der vierte und der fünfte stemmten die Eckverbindungen – und so fort bis zum letzten, der sich auf das Lackieren spezialisierte und das auch von allen am besten beherrschte. Jetzt stellten aber 20 Männer in 40 Stunden nicht nur 20 Schränke her, sondern 28 bis 30. Die Produktion steigerte sich gewaltig. Diese Erfahrung veränderte das Bild, das die Menschen von ihrem Tun hatten. Früher galt es, ein ganzes Stück herzustellen, nun lernte man, in Arbeitsschritten zu denken. Dies ergab die Grundlage dafür, daß die Maschine ihren Siegeszug antreten konnte.

Parallel dazu verlief eine Entwicklung, die die Besitzer der Betriebe in arge Not brachte. Die Konkurrenz setzte ein. Die fortschrittlichsten Betriebe unterboten die rückständigen, und diese mußten die Zahl der Mitarbeiter senken, um zu überleben. An den Werkbänken erfuhr man von diesen Vorgängen nur die Auswirkung, um so mehr aber von dem erbarmungslosen Kampf, der nun einsetzte. Es gibt bewegende Zeugnisse dieser Vorgänge. Sozial wache Menschen klagten an, aber die Entwicklung ließ sich nicht aufhalten.

Die Konkurrenz führte dazu, daß die Arbeitslöhne gedrückt wurden, daß zur selben Zeit aber die Anforderung an die Leistung gesteigert wurde. Die Folge war, daß die Menschen aus Angst und Not mehr und mehr arbeiteten. Die Schraube drehte sich enger und enger. Die Arbeitszeiten wurden immer länger. Die Kinderarbeit nahm schlimme Formen an. Es gab beispielsweise in England Kohlengruben mit Transportstollen, die so niedrig waren, daß nur Kinder die vollen Loren schieben konnten.

Gegen Ende des vorigen Jahrhunderts setzten die sozial aufmerksamen Zeitgenossen die ersten Sozialgesetze durch – gegen den massiven Widerstand vieler Produzenten. Aber auch die letzteren handelten nicht nur aus Eigennutz, sie sahen die unbarmherzige Gewalt des Marktes vor sich und suchten unter allen Umständen konkurrenzfähig zu bleiben.

Zu Beginn unseres Jahrhunderts entwickelten in Amerika Taylor und Ford zusammen ein System, das arbeitende Menschen zu noch mehr Leistung veranlaßte. Bezeichnenderweise geschah auch dies nicht aus bloßer Gewinnsucht, sondern aus dem Ehrgeiz Henry Fords, seine Autos so billig wie irgend möglich auf den Markt zu bringen. Er war weitgehend konkurrenzfrei, als er Preissenkung um Preissenkung herbeiführte. Sein berühmtes Auto, die «Tin-Lizzy», kostete zuerst über 1000 Dollar und gegen Ende von Fords Leben weniger als 80 Dollar. Das wurde erreicht durch ein System, das Taylor ausarbeitete und das bis heute angewandt wird. Ein Arbeitswissenschaftler untersuchte, wie die Produktion immer einfacher und effektiver gestaltet werden konnte. Das Ergebnis war verblüffend. Taylor nahm sich einen Arbeiter vor, der Roheisenbarren vom Waggon auf Transportwagen verlud. Er verlud vor dem Experiment etwa 20 Tonnen Barren täglich und danach fast das Doppelte. Er mußte freilich jeden Handgriff genau nach Vorschrift ausführen. Er mußte Pausen machen nach Vorschrift und seine Kräfte einsetzen, so wie angegeben wurde. Er verdiente wesentlich mehr als vorher – aber keineswegs so viel mehr, als es der Arbeitssteigerung tatsächlich entsprach. Das gleiche System wurde auf alle Arbeitsbereiche der Fordwerke mit dem schon genannten Erfolg übertragen. Die Fordarbeiter waren die bestbezahlten in Amerika und fühlten sich als Elite.

Nach dem Zweiten Weltkrieg gab es eine weitere Entwicklung, die die Arbeitsverhältnisse in großen Betrieben wesentlich veränderte. Arbeitswissenschaftler hatten herausgefunden, daß sich in großen Betrieben mit vielen hierarchischen Ebenen innerhalb der einzelnen Ebene soziale Verhältnisse eingeschlichen hatten, die den Mitarbeitern das Dasein sehr angenehm machten. Man hatte stillschweigend die Eigenarten und sogar Nachlässigkeiten von Mitarbeitern unter der Voraussetzung geduldet, daß diese auch die eigenen übersahen. Das Ergebnis war eine beträchtliche Einbuße an Effektivität. Gegen diese Entwicklung schuf man die sogenannte Stäbe, die nicht unter die Hierarchie des übrigen Betriebes fielen, sondern unmittelbar der obersten Ebene verantwortlich waren.

Wenn man eine solche hierarchische Struktur graphisch darstellen will, dann ergibt sich eine Pyramide mit vielen Ebenen. Die Stäbe wirken von außen in die Ebenen herein, aber immer so, daß sie die sozialen Strukturen stören. Vereinfacht dargestellt: Zu einem Mitarbeiter in einer Ebene sagt man: «Dieser andere dort arbeitet mehr als Sie. Wenn Sie nicht mehr arbeiten, werden Sie abqualifiziert.» Die Folge ist, daß dieser Angestellte dem Erstgenannten mißtraut und wesentlich mehr leistet als vorher. Nun geht dasselbe Spiel mit dem ersten weiter. Man sagt zu ihm: «Dieser andere dort leistet mehr als Sie» – was auch stimmt –, «wenn Sie nicht mehr leisten, dann ...» usw. Das Ergebnis ist, daß alle einander mißtrauen und ungeheuer viel mehr leisten. Das zieht aber auch ein derart vergiftetes Arbeitsklima nach sich, daß die Folgen mit Sicherheit die gewonnene Steigerung zunichte machen.

Der Mensch unserer Tage will als freier arbeiten. Er will überschauen, wozu dient, was er schafft, und er möchte weitgehend Arbeitstempo und Arbeitsmenge selbst bestimmen. Wo darauf Rücksicht genommen wird, kehrt Zufriedenheit unter den Mitarbeitern ein – und eine beachtliche Leistung ist gleichzeitig möglich.

Man hat lange Zeit angenommen, der Arbeiter brauche Druck und ständige Überwachung, um gut zu arbeiten. Man bemerkte die Notwendigkeit, übersah aber, daß sie dem Werktätigen gar nicht wesensgemäß ist und erst durch die beschriebene unsoziale Entwicklung im Arbeitsbereich des vergangenen Jahrhunderts entstanden war.

Vorher wirkte man vertrauensvoll zusammen. Die ersten Krupp-Mitarbeiter um 1800 trugen die gleichen Arbeitskleider wie ihr Meister, saßen auf derselben Bank in der Arbeitspause und tranken das gleiche Bier. Erst im Laufe des 19. Jahrhunderts änderte sich dieses Bild bis hin zu dem, wie es heute ist. Zwischen Arbeitsleiter und Arbeiter ist eine Trennung getreten, die brüderliches Zusammensein ungemein erschwert.

Es ist an der Zeit zu erkennen, daß man dem Arbeiter Unrecht tut, wenn man ihm unterstellt, er arbeite nur aus Eigennutz. Einsichtige Arbeitsleiter sprechen schon seit geraumer Zeit in ganz anderem Ton mit ihnen und haben beste Erfolge damit.

Der erwachsene Mensch möchte tätig sein und durch das Tun die Welt gestalten. Das Kind dagegen nimmt wahr. Es erfährt die Welt; es erfährt Vorgänge in der Welt und setzt sie im Spiel wieder aus sich heraus. Auch dies ist ein Tun, sogar ein ernstes Schaffen, aber ihm liegt in erster Linie ein Vorgang des Erkennens zugrunde. Das Kind erfährt die Welt und in demselben Vorgang sich selbst. – Kein Arbeitsleiter könnte also Erfolg haben, wenn seine Mitarbeiter nicht aus eigenem inneren Antrieb arbeiten wollten.

In Zukunft sollten die Arbeitenden einer Abteilung in einer Fabrik oder Werkstätte selbst bestimmen, wieviel und wie schnell sie arbeiten. Der Arbeitsleiter kann ihnen vortragen, was gebraucht wird – sie werden sagen, wieviel davon sie in welcher Zeit herstellen werden. Sie sollten die Arbeitsweise selbst im Griff haben und z. B. Vertretungen in Krankheitsfällen selbst organisieren. Es sollten Verträge geschlossen werden über die Leistungen, die sie erbringen.

Zu dieser Fragestellung gehört hinzu, daß die heute längst überall eingeführte Arbeitsteilung neu gefaßt werden muß. Man sollte nicht mehr nur darauf achten, daß der einzelne Arbeitsplatz auf höchste Effektivität hin ausgerichtet wird. Es ist möglich, den Menschen auch als Persönlichkeit einzubeziehen und ihn nicht nur als Funktionsteil zu betrachten. Das bedeutet, daß statt Arbeitsteilung ein neuer Begriff eingesetzt wird, nämlich der der Arbeitsgliederung. Wir werden darauf in Kapitel 10, «Das Gesetz der Arbeit», näher eingehen.

2.
Mensch und Arbeit

Der Mensch ist zu keiner Zeit seines Lebens unabhängig, in sich abgeschlossen, fest und gesichert. Im Gegenteil, er ist Bedürftiger, Abhängiger in vieler Beziehung.

Als kleines Kind ist er ganz auf die Pflege der Mutter angewiesen. Das geht soweit, daß man von der Kindheit als von einer zweiten Embryonalzeit sprechen kann. Das Kind braucht Nahrung, Hygiene, Wärme und Umhüllung so sehr, daß es ohne sie sofort an die Grenzen seines Daseins geführt wird. Es würde sterben, wenn es nicht schnell und umfänglich die Hilfe erhielte, die es braucht. Ähnlich geht es dem Kranken und dem Alten. In Ausnahmesitutationen – in der frühen Kindheit, im Alter und in Krankheit – ist der Mensch vollständig angewiesen auf die Hilfestellungen, die andere Menschen ihm schenken.

Aber nicht nur in solchen Ausnahmezeiten ist das so. Auch in der Zeit voller Kraft braucht jeder Mensch Nahrung, Kleidung und Behausung, und das meiste davon kann er sich nicht selbst beschaffen. Er ist auf die Hilfe anderer Menschen angewiesen, um seine Grundbedürfnisse zu befriedigen.

Früher hat der einzelne für die Bedürfnisse der Menschen in seinem nächsten Umkreis gesorgt, heute bringt die Arbeitsteilung eine starke Differenzierung aller Tätigkeiten mit sich. Es gilt: Jeder Mensch braucht Hilfestellungen anderer Menschen, um leben zu können.

Ein Beispiel kann das deutlich zeigen: Man lebt nicht von der Natur und ihren Gaben, man lebt von der Kultur des Ackerbaus. Die Natur allein würde uns rasch verhungern lassen. Es gibt nicht viele Wildfrüchte, Wildsamen, die uns ernähren können. Auch das Wild ist schnell vertilgt, wenn viele Menschen darauf aus sind, sich durch Jagd zu ernähren.

Erst die agricultura, der Ackerbau, wandelt Natur in Kultur und schafft die Grundlage des menschlichen Daseins auf der Erde. Reine

Natur – in ihrem Entstehen und Vergehen – gibt nur ganz wenig Kräfte frei, die dem Leben der Menschen dienen können. Der Bauer verwandelt Natur durch seine Arbeit in Wiese und Acker. Er sorgt für beide, er sorgt dafür, daß auf einer Weide nur solche Gräser und Kräuter wachsen, die den Kühen dienen. Andere merzt er aus. Eine gut gepflegte Wiese ist weit entfernt von dem Zustand, den man vorfindet, wenn man die Natur allein sorgen läßt. Sie ist ein Kulturerzeugnis von hoher Qualität. Noch mehr gilt das für einen Acker, auf dem nur wachsen darf, was der Kulturpflanze die Entfaltung ermöglicht. Die Erde wird gelockert, gelüftet, befeuchtet, durchwärmt. Unerwünschte Pflanzen werden entfernt, und nur die Nahrungspflanzen allein dürfen sich entfalten. Ihnen wird optimaler Lebensraum geboten, damit sie so frei und voll wie nur möglich wachsen können. Fast keine Kulturpflanzen – es gibt nur ganz wenige Ausnahmen – können ohne solche Fürsorge gedeihen. Sie fallen schnell in einen unscheinbaren Wachstumszustand zurück, wenn sie sich allein überlassen bleiben. Dann stimmt auch für sie, was eben gesagt wurde: Von der Natur und ihren Früchten kann der Mensch sich nur mühsam ernähren, und nur ganz wenigen bietet sie Nahrung.

Es ist ein Irrtum anzunehmen, daß eine Kulturlandschaft ärmer sei als eine vom Menschen nicht gestaltete Landschaft. Im Gegenteil, ein behutsames Eingreifen in Naturzusammenhänge bereichert ein Gebiet ungemein. Die Vielfalt der Arten steigert sich im Pflanzen- und auch im Tierreich. Erst die moderne Landwirtschaft mit ihrem Einsatz von chemischem Dünger und mit ihrem Ziel der Schädlingsvernichtung stört das Gleichgewicht, mindert die Vielfalt und führt zur kranken Landschaft.

Die Natur wächst ohne des Menschen Zutun. Die Kultur entsteht durch ihn und lebt von seinem Wirken. Wenn Menschen fortziehen aus einem Landstrich, bleiben nur ganz wenige Zeugnisse ihres Tuns zurück. Die weitaus meisten verschwinden. Es wird oft eindrücklich erzählt, wie Naturforscher und Archäologen sich durch eine wilde Natur des Urwaldes kämpfen und urplötzlich vor einem Denkmal von Menschen stehen, die vor langer Zeit hier lebten. Es wird dargestellt, wie aus einem Blätterdschungel das Antlitz eines Mayakriegers hervorschaut, einer Skulptur, die eines der ganz wenigen Zeugnisse ist, die vom Wirken der lange hingegangenen Menschen sprechen.

All diese Menschen arbeiteten – so wie fast jeder erwachsene Mensch auch heute arbeitet. Er ist an einer Stelle im Wirtschaftsleben tätig, ordnet sich dessen Gesetzen unter und wirkt nach seinen Kräften. Die Betrachtung von Zeugnissen lang vergangener Zeiten macht deutlich, wie wenig übrigbleibt von solchem Wirken, wie sehr das tägliche Tun dem unmittelbaren Bedürfnis dient und mit diesem vergeht.

Das gilt auch für all das, was Menschen unserer Tage hervorbringen. All ihr Tun ist auf den Bedarf der Menschen ausgerichtet, die jetzt leben, und nur ganz wenig wird übrigbleiben, wenn unsere Zeit einmal vergangen ist. Man kann sich fragen, ob heute entstehende Zeugnisse unseres Lebens ähnlich beeindruckend sein werden wie solche vergangener Zeiten. Aber das soll hier nicht betrachtet werden.

Man braucht jeden Tag Nahrung, um nicht zu hungern. Man braucht Kleidung, um sich vor der Witterung zu schützen. Man braucht Behausung aus demselben Grund, und man benötigt viele weitere Dinge, um Kind seiner Zeit sein zu können – Uhr, Brille und Füllfeder; man braucht Staubsauger, Waschmaschine und Auto. Eine Fülle von Gebrauchsgütern – aufwendige Geräte und Maschinen – umgeben jeden einzelnen, und der kritisch Beobachtende fragt, ob all das wirklich nötig ist, um Mensch zu sein. Die Fragestellung ist berechtigt und muß immer mehr bewußt werden. Die Nutzung der Natur ist in Ausbeutung umgeschlagen. Der Mensch nimmt, ohne danach zu fragen, wie die so beraubte Natur weiterleben kann. Die Einsicht in die bestehenden Schäden muß zunehmen, und man wird behutsamer umgehen lernen mit den Schätzen, die bisher recht gedankenlos genommen wurden. Das wird zur Folge haben, daß der einzelne weniger Güter haben wird als heute. Die Nutzung wird eingeschränkt, und damit werden auch die verfügbaren Gebrauchsgüter weniger. In Zukunft wird man verzichten müssen auf manches, was heute erreichbar ist.

Die Wunschnatur des Menschen ist erstaunlich in ihrem Anspruch. Er kann in ganz kurzer Zeit Bedürfnisse entwickeln, von denen er noch vor kurzem nichts wußte. Es genügt, daß andere haben, was er nicht hat. Er wünscht es und sucht es zu erreichen. So berichten zum Beispiel viele Menschen, daß sie in ihrer Kindheit Entbehrung erduldeten. Das bedeutet aber, daß sie inzwischen ihren Anspruchsstandard weit höher ansetzen, als er in ihrer Kinderzeit war. Die eigenen Kinder und Enkel hören die Erzählungen gelangweilt und ohne Bezug zum eigenen Dasein. Sie sind hineingewachsen in den Wohlstand, aber sie bemerken ihn nicht! Für sie ist er der Daseinsgrund, den sie nicht beachten. Der Mensch wünscht immer mehr, als er haben kann. Es gehört zur Wunschnatur, daß sie weiter greift, als was erreichbar ist. Junge Menschen unserer Tage müßten darauf verzichten. Wer es recht bedenkt, wird sogar erkennen: Nicht auf ein Mehr sollen sie verzichten, sondern sogar auf den Standard, mit dem sie groß wurden.

Wir haben festgestellt, daß jeder Mensch Bedürftiger ist, daß er Dinge braucht, um leben zu können. Der echte Bedarf ist rasch genannt: Nahrung gegen den Hunger, Kleidung gegen Witterung. Wäre es nur dieses, dann wäre schnell geholfen. Wenn Nahrung nur sättigen soll und sonst nichts, wenn Kleidung nur wärmen und nicht auch schön sein soll, dann ist sie schnell beschafft. Aber man verlangt nach mehr, nach viel mehr. Die Nahrung soll schmecken, soll gut schmekken, und die Kleidung soll gefallen. Man treibt einen sehr viel höheren Aufwand, als dem echten Bedarf entspricht.

Man beobachte sich selbst als Käufer. Wie wählt man eine Ware aus? Welche Elemente, welche Kriterien bestimmen die Wahl? Ist es echter Bedarf, oder ist es die Lust an bestimmten Geschmäckern, an schönen Farben und einem besonders ansprechenden Schnitt eines Kleides? Sosehr der Umweltschützer und Moralist die Stirn runzeln mag: Der Käufer wählt nach höchst subjektiven Gesichtspunkten und oft sogar gegen die Vernunft. Viele Menschen essen sich krank und stillen keineswegs nur den Hunger, wenn sie speisen.

Die Lust am Genießen steht so dicht neben dem echten Bedürfnis, daß sie schwer davon zu trennen ist. Eine Grenze einzuhalten ist zumindest schwierig und mißlingt nach zwei Seiten. Öfter nimmt man mehr, als man braucht, und will man dies durchaus vermeiden, hat man unversehens weniger, als angemessen ist.

Als Käufer ist man Egoist. Man sucht seine Wünsche zu befriedigen, man wählt und erwirbt nach sehr persönlichen Gesichtspunkten. Der echte Verkäufer versteht es, diesen Wünschen anderer Menschen zu dienen, ihnen die richtigen Waren zu reichen, oft ehe sie selber wissen, daß sie sie brauchen. Der wahre Händler vermittelt Käufe derart, daß der Kunde erwirbt, was er erst durch den Händler kennenlernte. Er erfährt erst durch ihn, wohin sein eigentlicher Wunsch tendierte. Er fühlt sich auf geheime Art verstanden und geht gerne wieder zum selben Händler, weil er sich ähnlich gute Käufe erhofft. Der Verkäufer seinerseits muß solche geheimen Wünsche im voraus ahnen und die eigenen Einkäufe dementsprechend einrichten. Alle großen Hersteller und Händler folgen diesem Weg.

Ein Beispiel dafür sind die Modeschöpfer, die lange im voraus die Mode bestimmen. Sie legen Stoffarten fest, Design und Farbe. Sie entwerfen Schnitte und Gestaltungen, die erst im kommenden Jahr getragen werden sollen. Es werden riesige Geldsummen für solche Vorbereitungen eingebracht. Mancher beklagt, daß die Menschen manipuliert werden durch diese Maßnahmen. Aber es ist eine Tatsache, daß diese Modefürsten sehr wohl irren können und ihre Entwürfe nicht «ankommen». Gewaltige Gewinne werden in dieser Branche gemacht, aber auch ebenso große Verluste. Man sieht, es gibt Produzenten und Händler, die die angesprochene Freude am Kaufen einplanen müssen und dies auch tun – aber immer mit dem Risiko, daß nicht angenommen wird, was sie vorplanten.

Der Käufer läßt sich jedoch nur bis zu einem gewissen Grad bestimmen. Der echte Produzent und Händler lauscht sorgfältig auf das, was der Markt zu sagen hat, und richtet das eigene Handeln danach ein.

Antrieb des Produzenten ist die Freude am Gestalten, am Verwandeln von Stoffen, von Material. Er sieht die Möglichkeiten, die Rohstoffe zuzubereiten, sie zusammenzustellen, zu verändern. Er kann Maschinen und Geräte beschaffen, und er kann Menschen veranlassen, sich in die Prozesse hineinzustellen. Er bildet Menschen aus, so daß sie in die Lage kommen, die richtigen Arbeitsschritte zu gestalten – kurz, er ist Vermittler aller Prozesse, die mit dem Arbeiten und dem Wirtschaften zusammenhängen. Sein Tun ist hingegeben an den Bereich des Schaffens und Wirkens. Im Tiefsten ist er selbstlos und möchte dem Mitmenschen dienen – und dies sowohl dem Mitarbeitenden wie auch dem Empfänger seiner Waren.

Dieses Bild tritt aber kaum in Erscheinung, denn andere Kräfte stellen sich davor und verdecken es.

Da ist auf der einen Seite die Produktidee und die Möglichkeit, sie technisch zu verwirklichen. Daneben steht der mitarbeitende

Mensch, der zunehmend nicht auf Anweisung arbeiten möchte, der mitgestalten möchte am Herstellungsgang. Auf der anderen Seite steht der Markt, das heißt viele Mitproduzenten als Konkurrenten und schließlich der Verbraucher. Solange der Markt nicht gesättigt und das Selbstbewußtsein des Verbrauchers wenig entwickelt ist, richtet sich das Interesse des Produzenten vorwiegend darauf, den Konkurrenten zu verdrängen und wenn möglich eine Monopolstellung zu erreichen. Dieser Kampf hat weitgehend die wirtschaftlichen Geschicke der Vergangenheit bestimmt. Dabei ist fast zugedeckt geblieben, daß der Hersteller aus selbstlosen Motiven antrat. Inzwischen ist der Markt gesättigt und zugleich der Verbraucher seiner Stellung bewußt geworden. Das Gespräch zwischen den verschiedenen Interessengruppen beginnt und sollte zunehmen.

Produktideen entstehen immer neu. Niemand bemerkt einen Mangel, bis die neue Ware da ist und damit der Wunsch entsteht, sie zu besitzen. Das betrifft Kleinigkeiten so gut wie aufwendige Waren. Ein Beispiel für eine solche Kleinigkeit, die niemand missen möchte, ist das folgende: Es ist noch gar nicht lange her, daß es ausschließlich Messer mit glatter Schneide gab. Es gab nur mehr oder weniger scharfe Messer – bis jemand den Wellenschliff erfand. Diese Schleifart erlaubt ein besseres Schneiden, auch dann, wenn das Messer schon ziemlich stumpf ist. In jedem Haushalt kennt man diese Messer, und jeder sieht zu, solche zu haben.

Die Wirtschaft lebt von solchen Ideen, denn der Kunde kauft ungern nur immer das Altvertraute. Wer als Händler ausschließlich bekannte Waren anbietet in einer Form und Ausstattung, die unverändert bleibt, wird wenig Erfolg haben. Der Nachbarhändler, der sein Angebot verlockend gestaltet, wird bestimmt mehr Kunden an sich ziehen. Noch einmal: Als Käufer ist jeder Mensch Egoist, und er sucht das Lockende. Genau betrachtet ist dies ethisch nicht besonders hochstehend, aber es ist eine starke Kraft.

Betrachten wir vor diesem Hintergrund einmal die Situation der erwachsenen seelenpflegebedürftigen Menschen, die in Werkstätten arbeiten. Es wird manchmal die Frage gestellt, ob man diese Menschen in dem Kreis der Arbeitenden auftreten lassen solle. Es seien doch Wesen, die offenbar nicht darauf angelegt seien zu arbeiten, so meint man. So laßt sie doch spazieren gehen! Warum sollen sie die Fülle der Waren noch vermehren, es gibt ohnehin schon zuviel.

Menschen mit Behinderung leiden daran, von anderen nicht wirklich angenommen zu werden. Sie möchten sein wie alle, und das soweit wie möglich. Jeder Mensch wirkt hinein in seinen Lebensumkreis. Man muß sich also fragen: Wo liegt das Wirken dieser Menschen?

Es gäbe eine einfache, zu einfache Antwort: Sie leben als Empfänger dessen, was andere ihnen geben. Das trifft in gewisser Weise bei schwerstbehinderten Menschen zu, so wie es für das kleine Kind und den sehr alten und sehr kranken Menschen zutrifft. Ein Zustand, den alle Menschen zeitweise durchlaufen und der also ganz und gar zum menschlichen Dasein gehört, würde dann als der einzig geltende für seelenpflegebedürftige Menschen angenommen. Wenn man danach fragt, wie schwerstbehinderte Menschen auf und für andere wirken, erfährt man überraschende Antworten: Es geht von solchen Wesen etwas aus, was viele Menschen anrührt. Es weckt Liebeskräfte durch ihren Verzicht auf alles Selbsterleben und Selbsterfahren in üblicher Weise.

Jeder Mensch erfährt Liebe und schenkt Liebe. Er legt aber auch Wert darauf, anerkannt zu werden und das zu erfahren. Das Selbstgefühl verlangt nach der Bestätigung. Sehr kranke Menschen verzichten weitgehend darauf und strahlen wohl deshalb soviel Würde aus.

Wenn man seelenpflegebedürftigen Menschen so begegnet, daß sie sich angenommen fühlen, und wenn man sie dann nach ihrem Herzenswunsch fragt, dann kommt aber fast immer als Antwort: Man möchte anderen Menschen helfen. Geht man diesem Wunsch nach, so ist erkennbar: Sie möchten dienen und helfen, sie möchten dadurch dem anderen etwas bedeuten. Damit sprechen sie etwas an, was zum Dasein jedes Menschen gehört. Wer dem anderen dient und hilft, bringt ihm damit das Notwendige. Er bringt aber auch mehr: Er dient diesem Wünschen, diesem Lockenden, das offenbar zum Leben gehört. Vereinfacht gesagt: Er dient dem Egoismus des Mitmenschen.

So kann nur wirken, wer selbstlos wirkt, wer sich selbst zurücknimmt und den anderen in den Vordergrund stellt. Das ist brüderlich: den anderen für wichtiger nehmen als sich selbst!

Wer handelt, öffnet einen Weg in die Zukunft. Einmal, indem er arbeitet. Arbeit zielt immer in die Zukunft. Zugleich löst er das Werk vom Persönlichen, indem er den Bedarf und den Wunsch des Kunden bestimmen läßt. Wer so arbeitet, gestaltet Zukunft. Und Menschen mit Behinderung, die so wirken dürfen, lösen sich in solchem Tun ganz von allem Vergangenen, das sie überall bestimmt, und sie wirken – da sie selbstlos arbeiten – in eine offene, lichte Zukunft.

3.
Märchen und Arbeit

Mannigfache Märchenbilder sind dem Handwerk entlehnt. Manche zeigen das Staunen über eine Geschicklichkeit, die dem Unerfahrenen wie Zauber erscheinen muß. Häufig ist im Märchen folgendes Bild: Werkzeuge und Geräte sind verzaubert und tun die Arbeit allein. Am Morgen kommt der Meister, und das Tagewerk ist schon vollbracht. Dahinter steht das Gefühl des fast Magischen im Handwerk. Ich konnte als Kind einem Schneider zusehen, der einem Bauern einen Arbeitshandschuh freihändig zuschnitt. Der Schnitt in den Stoff erschien derart skurril, so außergewöhnlich, daß ich vor Staunen außer mir war. Und wie nun durch die Formen dieses Stücks unter Zuziehung anderer Stücke ein Daumen und die Fläche der Hand und der Rücken entstanden, erschien wie Zauberei vor meinen Augen.

Manche Märchenbilder unterlegen dem Handwerk eine Bedeutung, die ganz anders ist als die des üblichen Arbeitserfolges. Und in anderen werden Arbeitsaufgaben gestellt, die nur durch ganz ungewöhnliche Hilfen bewältigt werden können.

Aber außerdem gibt es etwas, dem man in alten Zeiten Eigenwesen zusprach: Es gibt in allem Tun der Menschen ein Mehr, das nicht zum Produkt gehört, auch nicht zum einzelnen Arbeitsgang, auch nicht zur Geste. Der Mensch fügt es während des Tuns zu: Funken sprühen, Späne fallen, Hämmer tanzen, das Feuer lodert, die Schere schnippt. In alledem sah man früher Elementarwesen, die helfen, aber auch manchen Schabernack spielen konnten. Die Stimmung und der «Geist» einer Werkstatt waren entscheidend für die Art der Wesen, die sich dort daheim fühlten.

Wer nach Feierabend oder einmal in der Nacht die stille Werkstatt betrat, spürte die Anwesenheit solcher Kräfte. Er wollte sie sich gewogen machen und gab ihnen Geschenke. Meister und Altgesellen achteten darauf, daß kein ungutes Wort fiel, welches diese Wesen stören konnte. Den Elementarwesen wurden übernatürliche Fähigkeiten zugesprochen. Sie kannten das Flöz im Berg, sie wußten, wie ein Baum zu fällen war. Sie konnten fügen und bauen.

Wer diesen Wesen nicht auf ihren Wegen begegnen will, dem entziehen sie sich. Wer zuviel Menschenklugheit an den Tag legt, wird ohne ihre Hilfe wirken müssen, das heißt, die Dinge fügen sich nicht mehr gewissermaßen von selbst. Der Mensch ist Störenfried im Umkreis der Natur auf Kosten der eigenen Daseinssicherheit.

Der Schneider gilt im Märchen als der Neugierige und Gewitzte. Und seine Frau erst recht: Die Kölner Heinzelmännchen wurden durch die Neugier der Schneidersfrau vertrieben. Diese Neugier entspricht in ihrer Art sehr der Neugier, der Alleswisserei unserer Zeit. Ein so geartetes Denken hindert eine empfindende Betrachtung, sie streut ihr Steine und Erbsen in den Weg, über die es stolpern und fallen wird.

Manche Märchen verraten verborgene Hintergründe des Handwerks. Die spinnende Müllerstochter sitzt in einer Kammer, die ganz ausgefüllt ist mit Stroh. Sie soll aus dem Stroh Gold spinnen. Schauen wir das Bild mit Kinderaugen: Das goldene Stroh erfüllt die Kammer, ist überall. Es gibt keinen Anfang, kein Ende – Fülle im wahren Sinn des Wortes. Daraus entsteht der Faden. Dieser ist – seinem Wesen nach – unendlich. Man verfolge ihn im Entstehen und schaue wieder mit Kinderaugen: Da ist kein Ende, er fließt unaufhörlich aus der Hand der Spinnerin. Das ungeordnete Stroh in seiner Fülle um die Spinnerin: so erlebt das Kind Wolle und Flachs. Daraus entsteht der Faden, in einer Dimension ausgedehnt. Und daraus wieder verwebt der Weber die Fläche, die Leinwand.

Wieland der Schmied fertigt ein Schwert, aber es ist nicht hart genug. Er zerfeilt es zu Spänen und mischt diese unter Hühnerfutter. Der daraufhin gesammelte Kot wird eingeschmolzen. Wieland gewinnt daraus Eisen. Dies ist unübersteigbar hart.

Das Bild muß man deuten können: Der Vogel gilt als Träger der Gedanken und damit des Kohlenstoffs. Der Vogel war in alter Zeit ein lebendiges Bild des Denkens. Im Flug der Vögel sahen Priester göttliche Weisung. Andere studierten die Organe des getöteten Vogels und erkannten daran ein Gedankenwirken im Irdischen.

Der Sauerstoff ist die belebende Kraft im Blut. Der Kohlenstoff dagegen zeigt die Kraft des Sterbens. Das eine kräftigt, das andere entzieht Leben. Und das letztere wurde als Grundlage der Sterbekraft verstanden.

Das weiche Eisen ist formbar, es rostet fast gar nicht, aber es ist nicht scharf und schneidend wie ein treffend-tötender Gedanke. In dem Märchenbild von Wieland wird dem Eisen diese Kraft hinzugefügt. Das Erstaunliche ist, daß das Bild ganz real zutrifft. Auch heute noch wird dem flüssigen Eisen in der Bessemer-Birne Kohlenstoff zugeführt und dadurch in Stahl verwandelt.

Das Labyrinth des Daidalos ist ebenfalls ein Bild – nämlich das des Gehirns. Man verstand früher viel vom Wesen der Organformen. Daidalos baut aus Vogelfedern große Flügel – es ist wieder das Vogeltier und damit die Gedankenkraft. Daidalos, der berühmte Ingenieur, baut die Flügel und wird dadurch zum freien Denker, der sich im Sonnen-Gedankenwesen frei bewegen kann. Sein Sohn Ikaros aber verliert das Band zur Erde. Er fliegt in seinem Denken zu nahe an die Sonne und stürzt ins Meer, das bis heute seinen Namen trägt.

Die Märchen sagen vieles aus. Sie umgreifen das ganze Dasein des Menschen. Die Arbeit und alles, was sie begleitet, gehört zu den Märchen und ist uns an diesem Ort wichtig.

4.
Das Lernen im handwerklichen Tun

Das Spiel der Kinder ist ernste Lebensäußerung. Es verrät dem erfahrenen Beobachter viel von den Vorgängen im Inneren des Kindes. Mit diesem Inneren ist das Seelische gemeint, aber auch noch tiefer Liegendes: Entwicklungsvorgänge, die das Ganze des kindlichen Werdens ausmachen, die Art, wie das Kind sich selber und wie es die Welt erlebt. Beides gehört zusammen, ist Ausdruck des gleichen Entwicklungsschritts.

Das Kind spiegelt in seinem Spiel Bewegungen und Prozesse seines Inneren. Es bildet nach, was in seinem Leib an Kräften baut. Es schaut im Spiel an, was in ihm vorgeht, und kann es sich durch das Anschauen so weit aneignen, daß es weiterschreiten kann zu neuen Stufen seines Werdens. Ähnlich geht das Kind mit gelernten und erfahrenen Inhalten um. Im Spiel werden sie Objekt des Anschauens – und damit dem eigenen Wesen einverleibt. Das gilt für gute und krankmachende Erfahrungen, beide werden Substanz des kindlichen Werdens.

Das Kind spielt: Es ergreift Dinge der Umwelt und gibt ihnen eine Bedeutung, die seinem Innenerleben entspricht. Es spricht mit Dingen wie mit Wesen, läßt sie Schicksale erleiden, eigene und die der Menschen um sich, und schaut alles an: Im Anschauen wird das Spiel Substanz des eigenen Wesens. Außenerleben wird zur Innenerfahrung, begleitet sie, spiegelt sie und steigert sie schließlich zum Entwicklungsschritt.

Diese Prozesse führt der Lehrer fort. Er häuft nicht Wissensstoffe aufeinander, sondern ist sich bewußt, daß Lernen und Erfahren immer zu Innenerlebnissen werden, die das Eigenerleben des Kindes ausmachen. Er führt vom Spiel zur Arbeit – entsprechend den Lebens- und Entwicklungsgesetzen – und vermittelt Kenntnisse so, daß sie lebendiges Wesen des Kindes werden können.

Der Lehrer bemüht sich, die Dinge der Welt, mit eigener Anteilnahme durchdrungen, in entsprechender Form zum Bilde zu gestalten. Dieses Bild vermittelt er dem Kind. Er umschreitet gewissermaßen einen Kreis, von dem aus er nach außen in die Welt, nach innen jedoch auf das Kind blickt. Dieses schaut vertrauend zu ihm hin und nimmt die Inhalte wie bereitete Nahrung. Es lernt die Welt betrachten in den Bildern, die der Lehrer weist. Sie werden zu Seelenkeimen, die den Herangewachsenen später einmal in die Lage versetzen, seine Seelenanlagen in Beziehung zu setzen zur Lebenswirklichkeit. Die vom Lehrer gepflanzten Seelenkeime werden zu Erlebnisfähigkeiten, die aus dem Leben selbst erwachsen. Ohne solche Keime steht der Erwachsene ohne Orientierung im Leben – mit solchen Keimen ist in ihm die Möglichkeit zu abwägender Betrachtung veranlagt und zugleich zu gesichertem Erleben des eigenen Ortes im Weltgeschehen.

Arbeit im Rahmen der Schule verhält sich ähnlich: Das Werken orientiert sich an den Lernschritten des Kindes. Der Lehrer lobt, wenn ein tätiges Kind einen für es selbst wesentlichen Schritt bei der Bewältigung der Aufgabe getan hat. Für ein anderes Kind braucht dieser Schritt keine Rolle zu spielen, das Werkstück wird nicht gemessen an seiner Verkäuflichkeit. Allein der Fortschritt des Kindes in seinem Tun veranlaßt den Lehrer zu Anerkennung oder Tadel und zur weiteren Aufgabenstellung.

Es ist bezeichnend: Ist eine Aufgabe gelöst, gut oder weniger gut, schreitet das Kind sofort zu einer nächsten, möglichst ganz anders gearteten Aufgabe. Das hinter ihm liegende Stück interessiert es fast gar nicht mehr, es hat seine Bedeutung gehabt. Das Produkt eines arbeitenden Kindes bzw. Jugendlichen ist Bild seines eigenen Seelen- und Leibesgefüges. Im Schaffen wird dieses Bild sichtbar. Man kann als Lehrer daran gestalten – und unter Umständen sogar durch die bloße Korrektur am Werkstück in das Kind bzw. den Jugendlichen hineinwirken. Das Arbeitsergebnis jedoch spiegelt die Bemühung, die eigene subjektive Leistung in die Nähe eines objektiv-gültigen Bildes zu bringen.

Die Lehrlingsausbildung orientiert sich zusätzlich zu den Erfahrungsschritten der jungen Menschen an den objektiven Gesetzen der Produktion. Damit wirkt ein Element in die Ausbildung hinein, das der Schule fremd ist. Es existiert außerhalb der Vorgänge im arbeitenden Menschen, es bleibt unberührt von subjektiven Erfolgen und weist streng und unerbittlich auf eine Qualität hin, die außerhalb des

Arbeitenden liegt und von der es unter keinen Umständen abweichen darf. Hier erfährt der Lernende ein Gesetz, das ihn weit über sich selbst hinausführt und ihn an eine Welt anbindet, deren Größe er nur ahnen kann. Der Lehrling wird im Lernen Weltbürger, und an der erahnten Welt orientiert er die eigene Stellung zur Welt.

Wieder ganz anders steht der Erwachsene im Arbeitsprozeß. Beim Vergleich mit dem Tätigsein des Kindes wird dies deutlich: Das Kind und der Lehrling streben nach ständig neuen Objekten ihres Tuns. Der Erwachsene aber wiederholt sich beim Arbeiten in engem oder weiterem Rahmen.

Das Kind hat am geschaffenen Werkstück einen Schritt des eigenen Könnens erfahren. Lernerfahrungen, das Kräftespiel beim Heben und Drücken, im Lasten und Zusammenwirken von Kräften werden zur Leiberfahrung, die das eigene Sein betreffen.

Auf andere Weise wird auch beim Erwachsenen Arbeit zur Leiberfahrung. Der Handwerker erlebt sein Tun ebenfalls in seinem Körper. Dieser vermittelt ein Grundgefühl des Daseins, und mit diesem verbindet sich sein Tun als Arbeitender. Die Kräfte des Leibes verbinden sich mit dem Eigengefühl des Daseins. Man identifiziert sich mit seinem Beruf. Deutlich ist das bei einem Zimmermann, der einen Dachstuhl beurteilen muß. Er steht und schaut – aber im Stehen und Bewegen drückt sich aus, daß der Mann mit allen Fasern seines Leibgefühls erlebt, was an Kräften in dem Dachstuhl wirkt. Der Handwerker stellt in seinem Werk Bilder seines eigenen Daseins aus sich heraus. Und: Der Handwerker wiederholt die Bilder unentwegt, das heißt, er schafft sie immer wieder neu. Das Kind dagegen schreitet von Erlebnis zu Erlebnis und wiederholt nur so oft, als ihm dieses Erlebnis wichtig ist. Dann geht es zum nächsten.

Wer arbeiten lernt, erfährt zwei Bereiche, die zusammenklingen: Er wird tätig für andere, wird aber zugleich geprägt in der eigenen Person. Je intensiver er sich auf die vorliegende Arbeit konzentriert, um so stärker wird die Selbsterfahrung. Dies werden wir weiter unten in den Kapiteln über die Seelenerfahrungen beim Arbeiten noch genauer betrachten.

5. Arbeit und Temperament

Die vier Temperamente kennzeichnen Seeleneigentümlichkeiten von Menschen. Sie gehören zum Charakter, sind der Grund, auf dem das Individuelle des einzelnen sich entfaltet. Wie – im Vergleich – der Baugrund die Art des Bauens bestimmt, so wirkt ein Temperament in das ganze Wesen eines Menschen hinein. Ein lockerer Grund verlangt nach anderen Fundamenten als ein felsiger, ein feuchter wieder andere Sicherung als ein sandiger Untergrund. So bestimmen Sanguinik, Phlegma, Melancholie und Cholerik die Art des Seelengefüges. All dies ist für den Lehrer wichtig, denn von dort geht er aus, um das Kind auf Lebenswege zu führen.

Das Temperament ist aber nicht nur eine Seelenart, es geht bis ins Lebensgefüge jedes einzelnen. Der Sanguiniker ist ein Luft-Lungen-Mensch. Der Choleriker hat mit dem Feuer zu tun und mit dem Herzen. Der Phlegmatiker fühlt sich im Wässrigen zuhause und in allem, was im Leben pulsiert. Der Melancholiker steht dem Erdig-Festen nahe.

Und gerade die Nähe zu den vier Elementen weist darauf hin, wie sehr einzelne Handwerke sich ähnlich verwandt verhalten. Dabei muß durchaus nicht das äußere Feuer dem Choleriker zugeordnet werden, vielmehr ist es das Feuer, das sich im Seelischen und im Schaffen, in einem explosiv-kräftigen Tun äußert. Der Melancholiker muß nicht mit der Erde umgehen, also Gärtner sein oder Töpfer, aber sein sorgfältiges, gewichtiges und manchmal schwerfälliges Tun ist es, was die Nähe zur Erde zeigt. Der «Luftmensch», der Sanguiniker, ist gerne an lebhaften und wechselnden Tätigkeiten beteiligt, und wenn er mit Schwerem umgehen muß, sorgt er durch seine Art dafür, daß in der Arbeitsgruppe gelacht werden kann. Es ist nicht gut, einen ausgesprochenen Sanguiniker in einen ganz festen Arbeitsablauf zu pressen, auch wenn das Material das eigentlich verlangt. Er bricht aus, wird gar krank, und seine guten sozialen Fähigkeiten kommen nicht zum Vorschein. Phlegmatiker sind beneidenswerte Leute. Gleich, welch ein Durcheinander herrscht, sie verlieren die Ruhe nicht, tun gleichmäßig das Ihre. Sie staunen nur manchmal, welch ein Theater die anderen machen.

Handwerkliches Arbeiten hat immer mit allen Bereichen des Daseins zu tun. Es herrschen nur einzelne Kräfte bei verschiedenen Gewerken vor. Das gibt die Möglichkeit, Menschen je nach Neigung und Eigenart zu bestimmten Gewerken zuzuordnen. Der Zusammenklang aller Kräfte stellt sicher, daß keine Einseitigkeit zu befürchten ist. Auch wer seiner Art nach nicht in ein Handwerk paßt, kann durch die Vielfalt der Kräfte eine Form finden, die ihm entspricht. Das betrifft ganz besonders den therapeutischen Bereich, wenn es darum geht, einen kranken oder einseitig ausgerichteten Menschen in gute und heilsame Tätigkeit zu bringen. Ebenso kann der Werklehrer eine Art der Tätigkeit an ein Kind herantragen, die ihm eigentlich fremd ist. Man muß nur die Wege suchen, die ihm entsprechen.

Zimmerleute gehen mit unglaublich schweren Gewichten um. Zugleich bewegen sie sich – schwere Balken tragend – mit tänzerisch anmutenden Schritten. Sie gehen auf schmalen Balken, wenn sie hoch auf dem Dachstuhl eine Pfette an ihren Ort tragen; daher der leichte Schritt. Es mischen sich Schwere und Leichte, aber auch Gleichmaß und kraftvolles, rasches Tun. Alle vier Wesensarten wirken zusammen. Es sind aber nicht alle Arbeitsarten so vielfältig. Ein Schuhmacher wird sich mit Sanguinik schwertun. Er muß ständig stillsitzen. Man wird auch nicht leicht unter Goldschmieden Sanguinik antreffen. Als Verkäufer wird ein Sanguiniker aber tüchtig sein.

Bestimmte Elemente des Arbeitsganges stehen in Beziehung zu den Temperamenten. Es werden Bereiche der Temperamente gefördert, Einseitigkeiten ausgeglichen:

- Rascher Wechsel in der Aufgabenstellung fördert *Sanguinik.*
- Stetigkeit bei der Arbeit fördert *Phlegma.*
- Sorgfalt beim Arbeiten fördert *Melancholie.*
- Rascher Einsatz aller Kräfte fördert *Cholerik.*

Spezifische Handwerke neigen wiederum zu Richtungen, die Temperamenten zugeordnet werden können:

- Weben neigt zur Sanguinik
- Schmieden zur Cholerik
- Kupfertreiben, Nähen zum Phlegma
- Holzarbeiten, Backen, Pflegen zur Melancholie.

Handwerkliches Arbeiten ergreift meist den ganzen Körper. Es sind Arbeitsgesten erforderlich, die von einfacheren zu schwierigeren gestaffelt sind. Sie bringen ein Beherrschen des Körpers mit sich, das im Lernen unterstützt werden kann.

Das Lernen solcher Tätigkeiten unterliegt Gesetzmäßigkeiten, über die im folgenden mehr gesagt werden soll.

6.
Eine Gliederung der handwerklichen Berufe

Es ist ein sozial interessantes Phänomen, schulentlassene junge Leute auf ihrem Weg ins Berufsleben zu beobachten. Da ergibt sich ein buntes Bild aller Möglichkeiten, nichts wird ausgelassen. Die ehemaligen Lehrer blicken staunend auf diese Wege. Sie haben ihre Schüler lange Zeit erlebt, und nun bahnen sich Schicksalswege an, von deren Richtung und Gewalt niemand etwas ahnen konnte. Es zeigt sich, daß sich die jungen Erwachsenen Lebenserfüllung in modernsten Berufen suchen, die den Menschen ganz in den Dienst einer technischen Forderung stellen, oder in entwicklungsgeschichtlich viel älteren Handwerkerberufen: Mancher wird Töpfer, der in der Schule ganz andere Anlagen zu zeigen schien. Und es werden Berufe gewählt, die ganz dem Dienen zugewandt sind: Krankenschwester, Sozialarbeiter.

Es sei eine Gliederung versucht, die zwar entwicklungsgeschichtlich beginnt, die sich aber nicht darauf beschränken kann, weil zu sehen ist, daß sich im heutigen Leben die ganze Breite dessen zeigt, was Menschen von der Vergangenheit bis jetzt an Erlebnisstufen durchlaufen haben.

Vorberufe

Vorberufe lassen die Menschen mitschwingen in Rhythmen und Gesetzen, die außerhalb des Menschen existieren. Der Tätige muß sich unterordnen unter Gegebenheiten, die stärker sind als er selbst und die nach eigenen Gesetzen ablaufen:

- Die vier Elemente Wasser, Erde, Luft und Feuer zwingen ihm ihre Prägung auf.
- Tiere, Pflanzen und die anderen Menschen verlangen Eingehen auf ihre Lebensbedingungen bzw. Lebensumstände.
- Die Jahreszeiten und das Wetter bestimmen den Menschen.

Hier wirkt der Mensch, wie die Umstände es verlangen: Er ordnet ihnen seine eigenen Wünsche und Vorstellungen unter.

Er nennt seine Tätigkeit nicht Arbeit! Der Bauer melkt, pflügt oder mäht – aber er «arbeitet» nicht im modernen Sinne des Wortes. Er pflügt, bis das Feld fertig ist, unabhängig von der Uhrzeit; dann hört er auf. Das Arbeitsgesetz wird ihm gegeben. Andere Beispiele: Nomaden, Jäger, Fischer. Aber auch ganz moderne Berufe führen diese Art des Tätigseins in das heutige Leben, wie die Tätigkeit des Priesters, des Lehrers, des Arztes, der Hausfrau sowie Dienstleistungsberufe, das heißt alle helfenden, heilenden Berufe.

Die Arbeitsgeste paßt sich den Gegebenheiten an, sie entwickelt wenig feste Formen. Es gibt wenig typische Gesten, aber um so mehr individuelle Gesten mit entschiedenem Charakter und starker Differenzierung. Viele der heutigen Dienstleistungsberufe gehören in dieses Bild.

Urberufe

Urberufe beanspruchen den ganzen Körper des Schaffenden. Die Arbeitsbewegungen ergreifen ihn total – der Körper wirkt einheitlich wie ein in sich geschlossenes Instrument. Axt, Hacke, Ruder sind dafür typische Werkzeuge. Die Muskeln werden gleichmäßig beansprucht, und alle Glieder des Körpers sind voll beteiligt. Die Hände packen das Werkzeug, die Arme schwingen es, und die Beine stützen sich ab, um den Schwung zu ermöglichen.

In manchen Gegenden von Kleinasien hackt man bis in die heutige Zeit mit einer gabelähnlichen Hacke, die zwischen den Beinen schwingend den Boden aufreißt. Die Geste sagt etwas aus über das Bewußtsein im Tun, über das Hingegebensein an das Tun.

Bei diesen Urberufen wird beträchtliche Geschicklichkeit erreicht. Gute Holzfäller oder Bootsbauer können das Holz aufs feinste mit der Axt bearbeiten. Nordische Schiffsbauer und die früheren amerikanischen Siedler waren bekannt für ihre Meisterschaft in der Handhabung der Axt.

Mit dieser Arbeitsweise beginnt das eigentliche handwerkliche Schaffen. Das Wirken des Menschen wird bestimmend. Er setzt

Arbeitsregeln fest, schafft Ordnungen, Vorschriften. Der Mensch geht zur Arbeit! Er bestimmt, was und wie es geschieht. Er ist der Könner. Die Gesten sind weitgehend Körpergesten. Sie sind einheitlich, pflegend und betonen die Senkrechte.

Bruderhandwerke

Es mag hier erlaubt sein, die alten Zunfthandwerke «Bruderhandwerke» zu nennen, weil alles Tun und Schaffen direkt auf den Mitmenschen gerichtet ist. Der Meister ist Könner, er bestimmt die Arbeit und alles, was sie angeht. Er fühlt sich als geachteter Vertreter dem Handwerk verpflichtet. Sein Können erfaßt alles Tun so weit, daß Eigengesetzlichkeiten von Material und Arbeitsweisen voll beherrscht werden. Die Gesten werden variiert und spezialisiert. Sie werden typisch für ein Handwerk. Rhythmus und Gesetz der Werkstatt werden vom Menschen geprägt. Das geht soweit, daß schließlich der Handwerker ohne seine Werkstatt und sein Gerät unvollständig erscheint.

Die Tätigkeit ist dem Mitmenschen zugewandt. Die Handwerke dienen dem Menschen und richten sich nach seinen Bedürfnissen. Es bleibt kein Bereich unausgefüllt. Die Bruderhandwerke, insgesamt genommen, wirken wie ein ganzer Mensch in sich. Deshalb drängt sich dem Betrachter dieses Bildes der Eindruck eines Curriculum auf – wenn Bildung verstanden werden darf als Orientierung innerhalb des Erfahrungsbereichs «Der Mensch in der Welt». In diesem Sinne war ein erfahrener Handwerker des Mittelalters ein gebildeter Mensch seiner Zeit.

Beispiele solcher Handwerke sind: der Bäcker, der Schuhmacher, der Schreiner, der Schlosser, der Schneider, der Maurer. Die Gesten sind: stoßen, schlagen, pflegen und wirken. Sie betonen das Oben-Unten und die Waagerechte.

Technische Handwerke

Technische Handwerke entwickeln wenig eigenständige Gesten. Sie sind überreich an Gedanklichem in der einzelnen Bewegung, im Arbeitsablauf, in der Planung. Die Hilfsmittel erreichen oft die Qualität eines eigenen Produkts. Diese sind unerläßlich für das Gelingen des Werkes. Dem naiven Betrachter erscheinen sie unverständlich, im Gegensatz zu den Gesten der Bruderhandwerke, die in den Stationen der Fertigung überschaubar bleiben.

Der Mensch ordnet sich bei den technischen Handwerken dem selbstgeschaffenen Gesetz unter. Er wirkt mehr als Magier denn als Meister. Beispiele solcher Handwerke sind: das des Uhrmachers, des Feinmechanikers, des Druckers.

Die Arbeitsgesten werden nach den Forderungen des Arbeitsganges weiterentwickelt. Sie verlieren immer mehr an Individuellem und tendieren zur funktionsgebundenen Bewegung. Die Art der Bewegung wird vom Gerät bestimmt, nicht vom tätigen Menschen. Es wird die Waagerechte betont, vor allem aber einzelne Seiten des Menschen. Es gibt Bewegungen, die beide Arme unabhängig voneinander, ja gegeneinander handeln lassen.

Eine Sonderform heutiger Arbeitsverhältnisse ist das Überwachen großer technischer Anlagen. Der Mensch überwacht Kontrollanzeigen, bedient je nach Notwendigkeit bestimmte Apparate, in vielen Fällen sogar nur Schalter und Knöpfe.

Die Arbeit wird reduziert auf Tätigkeiten, die fast gar keine Willensorientierung mehr haben. Sie werden nur nach Funktion der Maschine geleistet. Es kann vorkommen, daß solch ein Mensch einen Tag lang – äußerlich gesehen – nichts mehr leistet, nichts tut. Trotzdem ist seine Tätigkeit unerläßlich, weil er eine technische Anlage überwacht. Wenn in der Anlage Ausfälle eintreten, können Schäden entstehen, die ungeheure Kosten verursachen. Der Überwachende hat die Aufgabe, solche Ausfälle zu verhindern.

Diese Tätigkeiten, die eigentlich nicht mehr die Bezeichnung «arbeiten» verdienen, sind überraschend anstrengend und entsprechend unbeliebt. Beim Handwerk sind Gedanke und Wille harmonisch im Gleichgewicht. Das Fühlen steht zwischen beiden. Bei technischen Berufen überwiegt aber zunehmend der gedankliche

Teil, und dieser ist es, der ermüdet. Gewohnte Arbeit tut gut, auch wenn sie schwer ist. Es gibt aber bei allem Tun einen beobachtenden betrachtenden Teil, auch bei besonders schwerer Arbeit: Der tätige Mensch erlebt die Schwere eines Balkens, er spürt das Gewicht einer vollen Schaufel. Dieses Spüren, dieses Erleben hat einen gedanklichen Aspekt: Man weiß genau, was man tut, und man erlebt bewußt das Arbeiten im Körper. Dieser Teil der Tätigkeit ermüdet, und das ganz besonders, wenn das Tun ungewohnt ist.

Je mehr im Tun ein gedanklicher Teil lebt, als desto ermüdender wird die Arbeit empfunden. Bei vielen Büroarbeiten wird volle Konzentration benötigt, körperliches Arbeiten ist dagegen ganz unerheblich. Trotzdem ermüdet man. Das ist ganz deutlich bei einem Besuch in einer Kunstausstellung oder einem Museum zu erleben. Man geht herum, betrachtet die Bilder und ist nach einer Stunde erschöpft. Man hat – äußerlich gesehen – fast nichts geleistet, und trotzdem ist man blaß, hat Kopfschmerzen und braucht eine Ruhezeit. Menschen, die in Berufen mit derartigen Anforderungen arbeiten, brauchen einen Ausgleich durch sinnvolles Bewegen der Glieder.

7.
Denken – Fühlen – Wollen

Beim Arbeiten werden stets die drei Seelenkräfte von Denken, Fühlen und Wollen beansprucht. Es gibt keine Tätigkeit, bei der eine dieser Kräfte schlafen dürfte. Allerdings werden sie nicht gleichmäßig gefordert, sondern dem Material, der Geste und dem Arbeitsgang nach unterschiedlich benötigt. Es gibt Arbeitsbereiche, in denen vorwiegend Denken und Bewußtsein gebraucht werden. Andere benötigen mehr Gefühlskräfte, andere wieder verlangen besonders starken Willenseinsatz.

Hier ist die seelische Haltung des tätigen Menschen innerhalb seiner selbst von der seelischen Qualität des Tuns zu unterscheiden. Bei der Dienstleistung etwa ist die innere Haltung vom Fühlen, Empfinden bestimmt. Die Tätigkeit selbst kann unabhängig davon waches Denken verlangen. Zum Beispiel kann die innere Haltung einer Krankenschwester zum Kranken liebevoll sein, helfend und pflegend, mitfühlend. Wo sie aber Anweisungen eines Arztes ausführt, ist sie im Denken wachsam. Und sie kann beides in ihrem Willen verbinden. Ganz deutlich ist das bei folgendem Bild: Jemand klopft einen Teppich aus. Die innere Haltung ist die des Pflegens, Säuberns. Das Tun selbst wirkt beinahe aggressiv, ist ganz vom Willen bestimmt. Seelische Haltung in der Absicht und das Tun selber können ganz verschieden sein.

Zu diesen drei Kräften kommt hinzu, was das Material als Eigenart mitbringt und was der Arbeitsgang an Bedingungen fordert. Solche Bedingungen sind nicht nur von äußerlicher Art: Sie werden durch dauerndes Tun – und weil der Tätige aus eigenen tiefen Kräften arbeitet – ebenfalls zu seelisch empfundenen Qualitäten. Außerdem tritt hinzu, was an Bedingungen und Möglichkeiten in der Umgebung des Arbeitenden da ist: die Gegebenheiten der Landschaft und ihrer Menschen, die Ausstattung der Werkstatt mit Maschinen und Geräten, Einkaufsmöglichkeiten und anderes.

Die Arbeit umfaßt, als Ganzes gesehen, alle Kräfte des Menschen selbst und auch die seiner Umgebung.

Das Tun mit der Hand erzeugt Hingabe, bringt etwas mit sich, was man Frömmigkeit im Tun nennen kann. Es schafft im Dasein des Menschen und in seiner Umgebung eine Ordnung, an deren Entstehung er mitbeteiligt ist. Diese wiederum stellt ihn an einen Platz, von dem er – seiner selbst sicher – in die Welt schaut. Das Überraschende ist dabei, daß er um so mehr in eine Frömmigkeit hingebenden Tuns gelangt, als er sich im Tätigsein vergißt.

Arbeit ist nicht ohne Produkt zu denken. Jegliche Tätigkeit richtet sich auf ein Ergebnis, das angestrebt wird. Aber sie selbst ist ein Medium, das unabhängig vom Produkt besteht. Der Mensch nutzt diese Möglichkeit, er braucht sie sogar, da er ohne sie in seinem Dasein geschädigt würde. Er wird in seinem Selbstverständnis von seinem Schaffen getragen. Ohne solches Wirken ergeben sich soziale Mangelerscheinungen, die durchaus die Bezeichnung «Krankheit» verdienen.

Wir werden in den folgenden Kapiteln die Arbeit zusammen mit ihrer sozialen Bedeutung betrachten. Der schaffende Mensch wird in seinem Selbsterleben zu sehen versucht. Der Wert der Arbeit soll in seiner Bedeutung für den Tätigen, nicht allein für das erreichte Produkt gesehen werden.

Das Produkt selbst ist ganz sicher besonderer Betrachtung wert. Aber das geschieht in unserer Zeit genug und darf hier ausgeklammert werden. Damit soll aber keine Geringschätzung verbunden sein, sondern lediglich eine Einschränkung auf eine bestimmte Aufgabe.

Es werden im folgenden also betrachtet:

- seelische Qualitäten verschiedener Arbeitsweisen
- Bezüge zum Körperlichen des Arbeitenden
- Bezüge zum Lebendigen des Arbeitenden
- Bezüge zum Seelischen des Arbeitenden
- Bezüge zur Persönlichkeit des Arbeitenden
- Elemente des Arbeitsganges, des Materials, der Geste, des Gesetzes und des Produkts.

Seelenkräfte und Arbeit

Denken und Arbeit hängen zusammen. Der Mensch steht in der Welt, und er steht ihr gegenüber. Beide Seiten gehören zu ihm – das Darinnenstehen und das Gegenüberstehen. Erlebensgrundlagen des einen wie des anderen sind die Seelenkräfte: Wollen und Denken. Das Fühlen steht zwischen beiden, ausgleichend und verbindend. In diesem Abschnitt wird betrachtet, welche Stellung diese Kräfte zur Arbeit einnehmen.

Zuerst muß gesehen werden: Anlaß oder Anstoß zur Arbeit sind immer Vorstellungen. Sie geben dem Willen des Arbeitenden den Beginn und die Richtung. Sie begleiten auch das Tun, sie kehren die Tätigkeit um, lassen einhalten, bedenken, ändern. Aber sie sind nicht das Tun selber, sie richten es nur und machen es bewußt.

Es gibt Gedankenelemente in der Geste. In allem Tun sind Kräfte, die man dem Denken – oder den Denkmöglichkeiten – zuschreiben muß.

Der Arbeitende macht Bewegungen, die in sich berechenbar sind. Der Druck eines Hammerschlags ist zu messen, die Richtung der Anwendung kann festgelegt werden; der Mensch hantiert mit Kräften, die berechenbar sind. Freilich nimmt es hier besondere Formen an, die nur mit einem komplexen, künstlerischen Denken erfaßt werden können. Die Muskelbewegungen eines arbeitenden Menschen laufen über den ganzen Körper, sind jedoch in einer Weise aufeinander abgestimmt – koordiniert –, daß die Gesamtbewegung wie ein Fließen, wie ein musikalisches Element empfunden werden kann. Alle diese Kräfte sind berechenbar im oben genannten Sinne. Wer hat berechnet? Und wer tut es immerfort, bei jeder Bewegung? Eine Denkbewegung weist unmittelbar auf den Denkenden zurück.

Denken lebt auch im Arbeitsgang. Viele dieser Formen werden von der Überlieferung als feststehende Regel übernommen, ohne daß man darüber nachdenkt. Vieles aber – gerade in der neueren Produktion – verlangt nach neuen Wegen und muß daher neu durchdacht werden. Es gibt inzwischen einen eigenen Berufszweig, der sich solche «Denkarbeit» zur Aufgabe macht (Arbeitsvorbereitung).

Am Beispiel Metall soll gezeigt werden, wie Material und Denkerleben zusammenspielen. Ein mehr verborgenes, aber darum um so interessanteres Phänomen ist das Denkelement, das durch bestimmte Materialien dem Arbeitenden entgegenkommt. Jedes Material spricht den Mensch auf besondere Weise an. Die Einsicht in diese Gesetzmäßigkeit bietet eine methodische Handhabe, diese Kräfte nach pädagogischen und therapeutischen Gesichtspunkten zu fördern.

Der Metallarbeiter z.B. wird zu besonders exakter Arbeitsweise erzogen. Sein Material ist nicht lebendig wie das Holz, er bezieht es bereits vorgefertigt als Halbzeug. Es ist also schon durch menschliche Arbeit – durch Denken – in eine Form gegeben, die er weiter benutzt. Der Schreiner kann im Brett noch den Baum erleben – der Schlosser aber im Rundstab oder Flacheisen nicht mehr den Ursprung des Materials. Er übernimmt Vorgefertigtes, Vorgedachtes.

Aber nicht genug damit. Seine Bewegungen, sein Behandeln von Stoff, Maschine, Gerät sind von vornherein durchschaubar. Sein Material arbeitet nicht – es verzieht sich nur durch Hitze, aber das kann er in Rechnung stellen, die Größe ist ihm in die Hand gegeben. Zwar wird Materialgefühl auch beansprucht, aber das Ganze, das Durchdachte nimmt einen breiten Raum ein.

Mathematisierende Vorgänge geschehen beim Metallarbeiten. Der Hammerschlag beim Kupfertreiben ist ein gutes Bild für die waltende Exaktheit. Der Hammer wird auf einer gewölbten Bahn geführt. Der Hammerschlag muß stets so fallen, daß das Kupferblech zur Hammerbahn – und von unten zugleich zum Amboß – als Tangente steht. Anders gesagt: Die Richtung des Hammerschlages und die Richtung des Ambosses stehen radial aufeinander, das Kupferblech unbedingt im rechten Winkel dazu. Wird der Winkel ein wenig verändert, dann mißlingt der Schlag, das Kupfer wird falsch geformt. Dabei muß immer in Betracht gezogen werden, daß der Treibende weder den Amboß noch die Hammerbahn sehen kann. Er sieht nur das Blech, er korrigiert mit der führenden Hand das Blech, und mit der anderen Hand den Hammerschlag. Das geschieht nach Gehör und mit Hilfe des Gefühls – aber der Bezug zur mathematischen Genauigkeit ist so evident, daß der ganze Vorgang dem Denkerlebnis im Tun zugeordnet werden muß.

Ähnlich ist es mit dem sogenannten «Anreißen». Bei fast allen anderen Materialien wird mit einem Stift angezeichnet, aber selbst der feinste Stift zeichnet, genau besehen, eine Fläche, nicht eine Linie. Tatsächlich lernt der Schreinerlehrling, den halben Riß wegzusägen – dann stimmt der Schnitt. Der Metallarbeiter dagegen benutzt zum Zeichnen die Anreißnadel, die härter sein muß als das zu bezeichnende Material. Die Nadel ritzt einen feinen Grat in das Material. Dieser Grat entspricht der Idee – nämlich der Grenze zwischen zwei Flächen. Sie selber ist keine Fläche, sondern tatsächlich nur als Idee wahrnehmbar.

Wieder ähnlich: das Schleifen einer Stahlschneide. Zunächst wird auf dem Schleifstein vorgeschliffen, das Material wird abgetragen, soweit erforderlich. Danach wird die Fläche unterhalb der Schneide – genau in der Richtung der gewünschten Schneide – auf dem Abziehstein poliert. Dabei wird ein feines Stahlhäutchen auf die andere Seite gedrückt: der Grat. Um diesen zu entfernen, dreht der Schleifer den Stahl bald auf die eine, bald auf die andere Seite, poliert beide Flächen nacheinander, immer wieder drehend, bis das Häutchen abfällt. Dann ist die Schneide scharf.

Mathematisch betrachtet, entspricht dieser Vorgang einer Grenzwertberechnung: Stahlschneide und Grat bilden die beiden Ebenen, zwischen denen ein Grenzwert zu berechnen ist. Durch das ständige Drehen des Werkzeuges und das Polieren des Stahls nähern sich die Flächen der Grenze an, bis sie erreicht ist. Ist sie erreicht, dann ist zugleich die optimale Schärfe da – schärfer geht's nicht!

Ein weiteres interessantes Kapitel sind die Vorschriften über Unfallverhütung in den verschiedenen Berufen.

Die Schreiner haben extrem unfallträchtige Maschinen. Viele Schreiner haben einen oder mehrere Finger verloren. Trotzdem wird fast überall die Unfallverhütung stiefmütterlich behandelt.

Ganz anders der Metallarbeiter. Seine Maschinen sind bei weitem nicht so gefährlich, aber der Unterricht in Unfallverhütung nimmt in der Lehre einen breiten Raum ein. Und fast alle Metallarbeiter kennen die wesentlichen Vorschriften, können sie begrifflich darstellen. Es ist zu sehen: Der Metallarbeiter wird zu genauem Denken erzogen. Tatsächlich sind die Metallarbeiter auch in bezug auf die Arbeiterrechte die wachesten. Sie engagieren sich stärker politisch als die Holzarbeiter, die ganz andere Kräfte im Vordergrund des Selbsterlebens haben.

Die Metallbearbeitung ist hier als Beispiel beschrieben: Das Denken herrscht vor. Das Gefühl dient dem Denken, der Wille folgt dem Denken. Deshalb ist in diesem Tätigkeitsbereich, z.B. in den zu bearbeitenden Formen, wenig Raum für Emotion.

Wille und Arbeit

Zu jedem Tun gehört Willen, aber bei näherem Zusehen erweist sich, daß es verschiedene Qualitäten gibt, die wir mit der Bezeichnung «Wille» versehen.

Da ist zunächst die bekannteste Erscheinung des Willens: Der Mensch nimmt sich etwas vor und führt es aus – die Ausführung ist nur mit Hilfe des Willens möglich. Freilich gehören auch der Gedanke, die Intention oder der Vorsatz, und das Fühlen, der Ausgleich zwischen Denken und Wollen, hinzu. Aber hier soll das Gebiet des Willens interessieren.

Der Wille in sich ist aber ein Element, das unbewußt wirkt. Nur der Vorsatz und die Beobachtung machen die Arbeit bewußt. Man beobachtet am Tun nur das, was geschieht: Das Tun selber kennt man nicht. Man beobachtet einen Vorgang im Ablauf und glaubt deshalb, ihn zu kennen – tatsächlich schaut man ihn aber nur von außen an. Das tragende, bewegende Element «Wille» als solches ist unbekannt.

Man beobachte einen hingegeben arbeitenden Menschen: Der Tätige vergißt sich selber vollständig, alle Aufmerksamkeit ist auf das Geschehen gerichtet, das er sich vornahm. Weiteres ist nicht in seinem Bewußtsein.

Ein anderes Beispiel: Man beobachte das eigene Gehen. Man spricht so davon, als wüßte man, was geschieht; man sagt: «Ich gehe». Aber was davon ist bewußt? Nur der Beginn und das Ziel, auf das man zugeht. Die Tätigkeit selber vollzieht sich unbewußt. Man denkt nicht an den Fuß, der gehoben, getragen, aufgesetzt wird. Noch weniger denkt man an die Muskeln im Unterschenkel, die im Zusammenspiel alle diese Bewegungen verursachen. Man bemerkt sogar kaum, wenn der Fuß auf eine Unebenheit trifft und der Körper sie im Weitergehen durch Verschieben des Gewichts und durch Umlagerung des Fußes ausgleicht. Man muß schon stolpern, um aufmerksam zu werden.

Soweit, was den Fuß betrifft, aber die Beine bewegen sich unabhängig davon im Vor- und Rückpendeln. Dabei verlagert sich das Körpergewicht jeweils auf den tragenden Fuß. Das Becken hebt sich auf dieser Seite. In der Gegenbewegung zu den Beinen pendeln die Arme. Und mit ihnen der Schultergürtel. Die Bewegung des letzteren ist wieder eine Gegenbewegung zum Becken. Und im Zusammenklang all dieser Bewegungen und Gegenbewegungen vollzieht sich das Schreiten. Denkt man es anschauend durch, so erlebt man im Bilde die Freiheit des Menschen, der so schreitet. Der Kopf ruht; er, der Beobachter, wird vom bewegten Körper in die Richtung getragen, in die er blickt. Die Glieder bewegen sich, Beine und Arme sind in Gegenbewegung, aber so, daß das Obere ausgleicht, was unten geschieht. Das ist Freiheit. Es kommt hinzu, daß der Fluß der Muskeln immer viele Richtungen annehmen kann. Die Bewegung kann umgelenkt werden – ohne das Fließen zu stören. Eine Unebenheit kann ausgeglichen werden. Der Fuß, die Beine, der ganze Körper gehen auf eine Störung ein, gleichen sie aus und gliedern sie in das Ganze des Vorwärtskommens ein.

An diesem Erlebnis wird um so deutlicher: Hier wirken Kräfte, die weit über das Bewußtsein des Menschen hinausgehen. Er bewegt sich in einem Strom von Kräften, die in ihm leben, aber viel umfassender sind als sein Bewußtsein. Kein Schreiner weiß, was der Arm tut, der den Hammer führt oder den Hobel. Das Bewußtsein ist auf den Nagel gerichtet, auf das Holz. Die tätigen Hände wirken wie von allein – je sicherer sie sind, um so mehr. Nur der Anfänger wird durch Ungeschick und Fehler auf sein Tun aufmerksam. Das ist gerade das Faszinierende beim Fachmann: Sein Tun geschieht in einem Fluß, der wie aus eigenen Quellen fließt. Der Tätige ist ihm hingegeben, bewegt sich in seinem Element wie der Fisch im Wasser.

Man beobachte sich selbst beim Aufwachen des Morgens. Man liegt noch im Bett und faßt den Entschluß aufzustehen. Die Beine wollen aber noch nicht – man schaut ihnen zu, noch halb im Schlaf. Vielleicht – je nach Temperament – wiederholt sich das mehrmals: Entschluß und Unvermögen, den Entschluß auszuführen. Doch plötzlich sind die Beine draußen, man hat nicht gemerkt, wie es geschah: Der Wille hat eigenständig gewirkt.

Der Wille ist nicht Diener des Denkens und Fühlens, er wird nicht von diesen dirigiert. Er ist ein in sich ruhendes Medium, dessen Wirkung wir sehen, ohne es selbst zu kennen.

Kinder wollen lernen. Wer glaubt, es liege nur am zielgerichteten Unterricht des Lehrers, daß Kinder lernen, der versuche einmal, eine Klasse von Kindern eine Zeitlang nichts lernen zu lassen. Die Ereignisse werden ihn rasch belehren, daß die Kinder aufs lebhafteste gegen die Unterforderung protestieren. Kinder wollen lernen: Wenn man ein Kind im schulreifen Alter noch ein Jahr aus der Schule läßt, wird es aus eigener Kraft zu lesen und zu rechnen beginnen. Der Lehrer begegnet dem Lernwillen der Kinder – nur da hinein kann er lehren. Und derjenige Lehrer ist der beliebteste, der am konsequentesten dem Lernwillen der Kinder Nahrung gibt – keineswegs der Nachgiebige, der sich von seinen Schülern zum Erzählen verleiten läßt.

Lernwillige Kinder: Die Augen saugen sich am Lehrer fest, alle Sinne sind auf ihn gerichtet. Dieser Lernwille ist an die Entwicklung der Kinder gebunden. Bis etwa zum siebten Lebensjahr tritt er in der Nachahmung und im Spiel auf. Beides sind äußerst ernstzunehmende Äußerungen im Werden des Kindes. Nach dem siebten Jahr wandelt sich diese Kraft in die Lernbereitschaft, in die Lernerwartung. Die Erwartung ist modifizierter Wille – modifiziert aus dem Wachstum heraus.

Körperwachstum und Wille hängen zusammen. Wille, aus der «Pflicht» zum Körperwachstum entlassen, wird frei zum Lernen, später frei zum Produzieren.

Wille drückt sich auch in Muskelbewegung aus. Beim Greifen und Heben laufen Unterarmmuskeln ineinander, die Oberarmmuskeln sind beteiligt, Schulter und Rückenmuskeln werden mitbeteiligt. Wer achtgibt, wird merken, daß sogar die Füße – auch bei sitzender Haltung – abstützen und mithalten im Fluß der Gesamtbewegung. Die Bewegung fließt durch den Menschen hindurch, so, wie der Wind mit Grashalmen spielt.

Wer die Muskelbewegung anschaut, ohne sich durch Gewohntes in der Anschauung beirren zu lassen, erhält den Eindruck, als ob die Bewegung von außen nach innen flösse, als ob sie – im Ergreifen eines Gegenstandes – in ein Medium hineinflösse, das von außen her in den Körper tritt, die Muskeln mitspielen läßt und dann zur Ruhe kommt. Wenn wir in einem Anatomieatlas eine Darstellung der Muskeln eines menschlichen Körpers betrachten, dann erkennen wir, wie deren Struktur die genannte Richtung zeigt, nämlich die eines Fließens von außen nach innen. Bewußt wird jedoch nur der Teil des Willens erlebt, der von Denken und Fühlen begleitet wird, derjenige, der von innen nach außen fließt.

Auch das Arbeitsmaterial beeinflußt den Willen des Menschen. Materialien haben Qualitäten, die eine Rückwirkung auf den arbeitenden Menschen ausüben. Es ist nicht gleichgültig, mit welchem Material man umgeht. Das Holz beeinflußt auf andere Weise als Eisen, Textil wieder anders als Leder und Ton wieder auf seine ihm eigene Art.

Der Mensch tritt zu diesen Werten in Beziehung durch das Tun. Beim Schaffen, das nach außen gerichtet ist – auf das Produkt oder den Konsumenten –, strömt etwas in den tätigen Menschen ein, das ihm Wesentliches zu sagen hat. Am anderen erfährt man das Eigene, und je mehr man das tut, um so deutlicher wird das Selbst. Im willentlichen Tun setzt man Bilder der eigenen Kraft nach außen; aber über das Tun erfährt man am Material (Gottes Schöpfung) ein Wesen, das zum eigenen Wesen hinzutritt.

Viele Materialien haben starke Eigenstruktur, andere haben wenig davon bis fast gar nichts. Holz hat eine Maserung und einen Trocknungsrhythmus, den genau beachten muß, wer dieses Material bearbeiten will. Stahl hat eine Struktur, die im inneren Gefüge des Materials vorhanden ist und beachtet werden muß. Diese Struktur ist weniger beherrschend als die des Holzes, aber auch noch wesentlich.

Wenn ein Material wenig bis gar keine Struktur aufweist, kann der gestaltende Menschenwille ungehindert wirken. Und an den Formen von Gütern, die aus solchen Materialien hergestellt wurden, läßt sich solcher Gestaltungswille deutlich ablesen. Er erfaßt nicht nur den vordergründigen Willen zum Handeln, sondern auch tieferliegende Schichten des Lebenswillens, des Inkarnationswillens.

Ton erlaubt solch ein unabhängiges Schaffen, auch das Arbeiten in Stein – vor allem mit den langsamen Techniken der Steinbildhauer des Altertums. Aber auch beim Formen von Brotlaiben spricht dieses Element mit und sogar beim Formen von Klößen mit der Hand.

Man beobachte einen Menschen beim Kuchen- oder Brotbacken. Der blasse Teig wird in die Form gegeben, er fließt beinahe. Und wenn das Ergebnis aus dem Backofen kommt, hat es seine Gestalt verändert. Der Kuchen ist aufgegangen und ist nun braun. Der Kuchen ist aufgegangen – man erlebt das ursprünglich: Er kommt entgegen. So erlebt man Gestaltungswillen. So einfach der Vorgang ist, so wesentlich kann er werden für das Erfassen des eigenen Daseins auf der Erde.

Der willentlich Arbeitende schafft einer inneren Erwartungshaltung entgegen. Diese ist zwar an einer Vorstellung gebildet, ist aber sehr viel mehr als eine solche. Sie ist eine Kraft, eine Hoffnung.

Der Bauherr sagt: Ich baue das Haus. Der Architekt sagt: Ich baue das Haus. Der Maurer sagt: Ich baue das Haus. Wer baut es nun tatsächlich? Der wirklich engagierte Mensch, der seine Lebenskraft mit diesem Werk verbindet, der eine Erwartungshaltung hat, die ihn als Realität ausfüllt.

Diese Erwartungshaltung engagierter Menschen: der Unerfahrene kann sie so deutlich vor sich haben, daß er sie schon für das Werk selbst nimmt. Er kann unter Umständen so blind sein, daß er seiner getanen Arbeit gegenüber nicht merkt, wie unvollkommen sie eigentlich ist. Würde er selbst als Käufer der von ihm hergestellten Ware auftreten, dann würde ihm die mangelnde Qualität mit Sicherheit sofort auffallen. Beim Selbstgetanen aber bemerkt er sie lange Zeit nicht: Die Erwartungshaltung täuscht ihn.

Der Könner dagegen wird, je weiter er fortschreitet, seine Erwartungshaltung hoch hinaufschrauben. Sie kann zu einem Ideal werden, das unerreichbar zu sein scheint. Der Fachmann arbeitet auf ein solches Ziel zu und ist eigentlich nie ganz zufrieden mit dem Erreichten – im Unterschied zum Anfänger, der leicht zufriedengestellt ist.

Das Streben nach Vollkommenheit im einzeln gefertigten Stück schenkt dem Menschen eine Ruhe, die aus der Unruhe entsteht. Das Streben nach Vollkommenheit geht eine Ehe ein mit dem Stoff, mit dem der Mensch umgeht. Nur über dauernde Bemühungen erfährt man die Qualität eines Werkstoffes. Und sicher ist, daß der sogenannte «primitive» Mensch von solchen Bemühungen mehr weiß als der zivilisierte.

Aus der Unruhe entsteht der Wunsch, es beim nächsten Mal noch besser zu machen. Eine Maschine kann das nicht, sie wiederholt lediglich eine relative Vollkommenheit in der Produktion; aber diese Wiederholung – so vollkommen das einzelne Stück sein mag – ist unbefriedigend.

Beim Arbeiten strömen Willenskräfte aus dem Menschen nach außen in das Werk. Alles vom Menschen Geschaffene zeugt von ihm. Im Werk schaut ihn Mensch-Sein an. Das trifft auch zu für sogenannte geistige Arbeit. Hier werden Gedanken wie Material behandelt, umgeformt, zu neuen Gedanken zusammengeführt.

Beim Arbeiten wird Material geprägt. Maßstab des Prägens sind Formkräfte, den Lebenskräften verwandt, wägende Urteils- und Fühlenskräfte und gestaltende Ideen.

Der Wille ist ein strömendes Element.

Wille strömt *nach eigenen Gesetzen:*

- im kindlichen Spiel
- im ungerichteten Bewegen der Gliedmaßen beim Säugling
- in der Emotion (etwa beim Jähzorn)
- beim Ausruhen, wenn man sich gehen läßt.

Der Wille wird *gerichtet:*

- bei allen bewußten Intentionen und Impulsen
- durch Egoismus und Altruismus
- durch Schulung.

Der Wille wird *gestaut:*

- durch Schulung
- durch Lernbereitschaft.

Ist der Wille gestaut, dann wird deutlich, daß Wille ein strömendes Element ist. Und bei genauem Zuschauen wird klar, daß sowohl ein einströmendes wie ein ausströmendes Element vorliegt. Der durch äußere Einwirkung im Willensfluß gehemmte Mensch empfindet den Weg zu einer Intention blockiert, aber noch stärker empfindet er sich abgeschnitten von einem Fluß, der in ihn einströmt. Nur durch solche Stauung jedoch lernt man! Der spontane Wille ist wenig differenziert. Durch Stauung wird er aus seinem eigenen Strom herausgehoben und zu spezifischer Anwendung gestaltet.

Kinder sind ihrem Wesen nach unruhig – das heißt, der Wille strömt ungeordnet durch sie hindurch. Der Lehrer verlangt Aufmerksamkeit – das heißt, der ungeordnet strömende Wille wird gestaut. Jetzt kann der Lehrer einen Lernstoff vortragen. Die Kinder sind bereit und in der Lage, ihn aufzunehmen. Durch die Stauung sind sie dazu in der Lage!

Die Stauung eines Stromes erzeugt aber immer Organformen. Es ist also denkbar, daß differenzierte Stauungen auch verschiedene Organformen im Willensstrom veranlagen. Schulung im Rechnen wird andere Formen mit sich bringen als eine Schulung im Musikalischen, das Denken und Mitdenken von geometrischen Formen andere Formen als das Zuhören beim Erzählen von Märchen. Ein differenzierter Willensstau und damit differenzierte Organformen sind Ziel der Erziehung.

Es versteht sich, daß das Kind auch spielen, das heißt den Willensstrom ungehindert fließen lassen muß. Spiel und Lernen wechseln sich ab wie Ausatmen und Einatmen.

Wer diese Kräfte – in voller Hingabe an andere – erlebt und benutzt, schafft Gutes; wer jedoch den Strom des Tuns und seine Kräfte für eigene Ziele nutzt, schafft Ungutes in den Verhältnissen und Dingen.

Die erste Stauung erfährt der Lernende daran, daß seine Glieder ungeschickt sind. Die Handgelenke lassen die Tätigkeit nicht durchfließen, die übrigen Muskeln spielen nicht mit im Strom. Der Mensch ermüdet rasch, wendet unangemessene Kräfte auf.

Beim Fachmann «fliegt» der Schlag. Die Geste ist locker, es strömt. Dieser Strom macht Kräfte frei, die über das Notwendige hinausschießen. Überhaupt scheint in allem Leben ein Mehr an Kräften frei zu werden. Die Arbeitsgeste ist ein gutes Beispiel dafür.

Der Schmied läßt den Hammer tanzen, ehe er zuschlägt. Der Friseur schnippt mit der Schere, auch wenn er nicht schneidet. Aber auch der gezielte Schlag hat ein Mehr: Der Hammer federt zurück, die Feile stößt weiter, als es vom Material her nötig wäre. Ganz anders die Maschinengeste. Hier gibt es kein Mehr. Sie ist genau bemessen und endet im Punkt ihrer Wirkung. Die Geste des Menschen aber schießt immer ein wenig weiter und holt aus dem Weiter die strömende Kraft, den Rhythmus, das Individuelle.

Eine Maschinenbewegung hat nichts Individuelles mehr. Die Geste des Menschen hingegen lebt aus dem gekennzeichneten Mehr.

Die beschriebenen Kräfte, aus denen der Mensch arbeitet, sind nicht sein Eigentum! Er schafft aus ihnen, er benutzt sie – aber mehr noch wird er von ihnen getragen. Das «Benutzen» erscheint nicht angemessen gegenüber dieser Quelle. Sie ist eigenes Medium, in dem der tätige Mensch daheim sein kann wie ein Gast, beinahe wie ein Besitzer – aber nie wie ein Eigentümer.

Gefühl und Arbeit

Gefühl für Werkzeug und Material muß man lernen. Es gibt nirgends so viele Werkzeugdefekte wie bei Anfängern.

Ein Beispiel: Eine Gruppe von siebzehn- bis achzehnjährigen Schülern sollte im buschigen Gelände einen Weg bauen. An Werkzeugen wurden Spaten und Schaufeln, Kreuzhacken, Zuschlaghammer, Äxte, Beile und Schnellschnittsägen mit kanadischen Sägeblättern angeschafft. Die letzteren sind das Beste, was es gibt – sie haben die Besonderheit, daß die Zähne gehärtet sind und dadurch viel länger scharf bleiben. Allerdings wird das Blatt dadurch ein wenig spröde und bricht, wenn man es biegt.

Bei der Arbeit gingen sofort Axt- und Hammerstiele kaputt. Beim Aufschlagen trafen die unerfahrenen jungen Leute nicht auf die Bahn oder die Schneide, sondern daneben, kamen also mit dem Stiel am Ziel an. Das hält kein Stiel aus! Er brach sofort. Ähnlich die Sägeblätter. Beim Absägen der Büsche verkanteten die Blätter im Schnitt, wurden, weil ungleich geführt, mit Gewalt durchgerissen und brachen.

Die Jugendlichen waren nicht davon zu überzeugen, daß die Defekte ihre Schuld waren. Lautstark beklagten sie die schlechte Qualität der Werkzeuge. Es sei nur billiges Zeug angeschafft worden!

Ein anderes Beispiel: Ein behinderter junger Mann lernt das Arbeiten – aber er bringt die Neigung mit, alle Dinge zu zerstören, gerade die, die er liebt. Beim Arbeiten geht Werkzeug nach Werkzeug kaputt. Es scheint sinnlos, ihn weiter arbeiten zu lassen, weil er selber immer verzweifelter wird. Schließlich kommt der Meister auf die Idee, ihn einen gebrochenen Hammerstiel selber neu machen zu lassen. Einer der zerbrochenen Axtstiele vom Lager wird genommen, ein Stück abgesägt, eine Raspel soll dem Klotz Form geben. Der Behinderte raspelt Berge von Spänen – er ist sehr kräftig. Mengen von gebrochenen Stielen werden in Späne verwandelt. Endlich gelingt ein Stück, es sieht annähernd wie ein Hammerstiel aus. Dieser Hammerstiel zerbricht nicht mehr.

Das Materialgefühl schlüpft in die Eigenart des Stoffes hinein. Jeder kennt die Geste, mit der eine Schneiderin ein Tuch in die Hand nimmt, über den Arm wirft; wie ein Lederfachmann ein Stück Leder prüft. Im Griff ist Sachverstand, gepaart mit Gefühl. Der Fachmann liebt sein Material. Er liebt auch sein Werkzeug. Das ist nicht nur die Summe der Kosten und der Pflege, es ist mehr. Man gewöhnt sich so sehr an sein Werkzeug, daß z. B. falsches Behandeln körperlich schmerzt. Kluge Meister veranlassen ihre Lehrlinge deshalb, eigenes Werkzeug zu kaufen. Damit werden sie sorgsam umgehen und das erlernen, was durch tausend Worte nicht erreicht werden kann.

Das Gefühl wirkt in feinsten und gröbsten Arbeiten. Ein dünner Stahlbohrer muß mit äußerstem Feingefühl angesetzt werden, sonst bricht er. Aber auch mit Schaufel oder Axt kann der Fachmann mit einem Feingefühl umgehen, das erst der zu würdigen weiß, der selbst einmal versucht hat, einen Berg Kies mit der Schaufel zu bewegen: Die einzig zweckmäßige Schaufelmethode ist, die Schaufel am Grund anzusetzen, weil man nur dadurch eine klare Arbeitsebene erhält. Ein Schaufler spürt am Grund eines Kiesberges eine Unebenheit, an der die Schaufel anstößt. Der Stoß der Schaufel in den Kies wird gebremst, die Schaufel wird nicht voll. Also versucht der Arbeiter, mit der Schaufelspitze beim Eindringen in das Material die Unebenheit abzuspüren und die Schaufel in der Vorwärtsbewegung darum herumzuführen. Dieser Vorgang ist nur mit sorgsamstem Gefühl möglich. Das Hindernis muß «gespürt» werden, ehe die Schaufel es berührt.

Noch deutlicher ist der Vorgang beim Schnitzen oder Hobeln von Hand. Um einen Ast im Holz verläuft das Holz in einem Wirbel. Die Faserrichtung weist plötzlich in eine Richtung, die die Fläche aufreißen läßt. Der Schnitzer muß schnell stoppen, das Messer von der anderen Seite ansetzen, behutsam bis an die kritische Stelle führen und wieder umsetzen. Das spürt nur, wer den Fehler vor der Schneide des Messers fühlt. Für denkendes Reagieren ist keine Zeit – das geht entweder aus dem Gefühl oder gar nicht.

Eigenartig ist die Erfahrung, daß das Gefühl vor dem Unglück abspürt, was geschehen kann. Wer genau beobachtet, merkt, daß es nicht feinste Anzeichen in der Materialstruktur sind, die die Gefahr signalisieren, sondern das Gefühl wird so sehr eins mit dem Material, daß es aus dem Inneren des Stoffes abspürt, wie es sich aus sich selbst verhalten muß.

Gefühl lebt zwischen Denken und Wollen.

Das Gefühl begleitet alle Vorgänge des Schaffens. Es glättet die rauhe Willensstruktur, berät den dumpf Wollenden, aber es begleitet auch den denkenden Arbeiter, der plant und prüft. Nach beiden Seiten nimmt es eine Mittlerfunktion ein. Ohne das Gefühl würde das Denken nicht das Material erreichen und nicht die Besonderheit eines Werkzeuges. Der Wille würde ohne Gefühl gewaltsam wirken, sich und anderes zerstören.

Es ist ein Irrtum, anzunehmen, daß ein Fehler beim Arbeiten nur das Objekt des Fehlers beträfe. Das Subjekt, also der, der den Fehler machte, ist ebenso betroffen. Man verbindet sich beim Arbeiten so sehr mit dem Vorgang, daß man damit gleich ist. Und der Fehler schmerzt den Veranlasser ganz so, wie das Stück beschädigt wurde.

Wer als Meister zu großzügig Anfängern Fehler verzeiht, weil sie sie noch nicht vermeiden können, also schuldlos sind, wird erleben, daß ein schlampiger, gleichgültiger Zug in der Gruppe einreißt. Die Leute werden in sich selber haltlos und in der Folge oft sogar im Privatleben nachlässig, lieblos, Störenfriede für sich und die Umgebung. Ein straff geführter Lehrling ist auch in sich gefestigt. Freilich kann die straffe Führung auch in Härte umschlagen und das Gegenteil des Gewünschten erreichen.

Ein besonderer Teil des Gefühlsbereichs ist der Rhythmus. Viele Arbeitsbewegungen in früherer Zeit wurden rhythmisch ausgeführt. Und auch heute noch fallen gleichmäßig arbeitende Leute in Gleichtakt.

Früher wurden z. B. alle Stampfarbeiten von Kolonnen durchgeführt. Die Leute arbeiteten im Takt und sangen dazu. Beides erleichterte ihnen die unsagbar schwere Arbeit; ähnlich wie Wolgaschiffer, die als Gruppen die schweren Schiffe gegen den Strom zogen.

Der Kapitän eines Segelschiffes stellte den Maat ein, nachdem er sich vorsingen ließ: Nur der kraftvolle Sänger brachte mit einer Gruppe Matrosen die Segel hoch.

Der Rhythmus der Arbeit mit Handgeräten ist heute weitgehend abgelöst vom Rhythmus der Arbeitsmaschinen. Auch hier gilt, daß der einzelne sich nicht vom Rhythmus absondern kann. Er wird von dem Rhythmus erfaßt – bis in die eigenen Rhythmen seines Körpers hinein.

Der Körperrhythmus des Tätigen wirkt sich auf seinen Arbeitsrhythmus aus. Der Hammerschlag gleichmäßig arbeitender Kupfertreiber entspricht genau dem Rhythmus des Herzschlages. Meist ist es einer der Arbeiter, der durch Beharrlichkeit, durch Sicherheit, durch sein Können den Rhythmus bestimmt. Auf diesen Mann ist zu achten! Er ist der Herzmittelpunkt der Werkstatt; und es kommt vor, daß dies jemand ist, der äußerlich unscheinbar wirkt. Der Rhythmus der anderen spielt sich ein auf den einen – im Hammerschlag, aber auch im Herzschlag aller Mitarbeitenden. Und wenn ein Besucher durch die Werkstatt geht, wird er nicht verhindern können, daß sein Herzschlag sich diesem Rhythmus anpaßt.

Wer es beobachten will, sollte einmal versuchen, in einer solchen Werkstatt gegen den Rhythmus zu handeln, z. B. zu gehen. Man wird bemerken, daß das kaum möglich ist. Oder man versuche, gegen den Rhythmus zu atmen – das ist noch schwererer; das wird wahrscheinlich nur geschulten Menschen möglich sein, die gelernt haben, einen Rhythmus gegen einen anderen zu halten.

Rhythmen wirken stark auf den menschlichen Organismus ein. Es ist erstaunlich, daß diese Tatsache bisher wenig beachtet wurde. Rhythmen von Maschinen laufen oft wild durcheinander, sie haben keinen Bezug zueinander und schon gar nicht zu den menschlichen Rhythmen – ein Chaos, das ganz sicher die Gesundheit der Arbeiter beeinträchtigt und die Effektivität ihrer Arbeit! Man sollte einmal prüfen, welche Rhythmen dem Menschen zuträglich sind und in welchen Verhältnissen mehrere Rhythmen zueinander stehen können. Das gilt für alle Maschinen, also Motoren, Elektromotoren, insbesondere auch für Autos.

Der weitgespannte, vielfältig differenzierte Gefühlsbereich gliedert sich in zwei Richtungen: die der sympathischen und die der antipathischen Empfindungen. Alle zum Denken und Erkennen gerichteten Empfindungen sind antipathisch orientiert, alle zum Willen gerichteten sympathisch.

Dem Willen ist die Sympathie zugeordnet. Man kann nicht auf ein Ding zugehen, ohne es sympathisch zu umfangen. In allem Handeln ist sympathisches Hingehen auf das Objekt des Handelns. Der Möbelpacker beispielsweise spuckt in die Hände, nimmt festen Stand, holt tief Luft und hebt das Möbelstück. Die ganze Gestik ist die eines Hingehens auf das Stück, eines inneren Bereitseins.

Bei harmonischen Arbeiten herrscht Fröhlichkeit. Man ist gerne zusammen, freut sich am Tun, man singt. Kommt ein Mißton in diese Stimmung, dann ist er fast immer eingeleitet durch einen Erkenntnisvorgang, der vom Tun wegführt. Und arbeiten Leute einmal mit grimmigen Gesichtern, dann muß es schon schlimm zugehen, wenn das Tun die Spannung nicht lockern kann.

Diese Erkenntnis hat Konsequenzen:

- Erkennen und Tun sollte man trennen.
- Willensvorsätze handelnder Menschen sollte man herbeiführen und begleiten, sie aber keinesfalls durch erkenntnismäßige Hinweise stören.
- Wenn Hinweise nötig sind, sollte man das Handeln unterbrechen und erst wieder tätig werden und die Arbeit laufen lassen, wenn das Nötige besprochen und erklärt ist.
- Den Arbeitsablauf muß man so gestalten, daß das sympathische Element zum Tragen kommt.
- Die Farben in den Arbeitsräumen – soweit sie gestaltet werden können – sollte man so wählen, daß Wollen und Sympathie begleitet werden. So sind beispielsweise Blau und Violett keine Farben tätigen Arbeitens, wohl aber rote, orange und gelbliche Töne.

8. Arbeit und die Hüllen des Menschen

Wer zur Arbeit schreitet, setzt immer aus einem Wesensmittelpunkt an. Man geht nicht auf sie zu wie zu einem Spaziergang oder wie zu etwas Nebensächlichem. Man möchte etwas vollbringen, man möchte sich einbringen, etwas bewirken.

Wer bei der Arbeit gestört wird, zeigt dies sehr deutlich. Sein Unwille rührt daher, daß er aus einer konzentrierten Tätigkeit gerissen wird.

Wer ein Werkzeug ansetzt und den Schlag führt, tut das mit Bedacht und persönlichem Einsatz. Der Wille steht dahinter. Falls ein solcher Schlag mißlingt, wird er als Schmerz empfunden. Ist ein Werk gelungen, ist das Gefühl der Zufriedenheit da. Das Willenselement, das ganz persönliche, ist unterbaut und begleitet von Seelischem. Man empfindet, was man tut, man empfindet das Schaffen selber und gestaltet den Arbeitsgang derart, daß das Seelische darin zu Hause ist.

Die eigentliche Tätigkeit liegt aber ganz im Gewohnten und geschieht aus den Kräften, die in solch Vertrautem liegen. Man hat Kenntnisse, Fertigkeiten, die so sicher wirken, daß man sie im Schlaf beherrscht. So wie niemand darüber nachdenkt, wie er die Beine beim Radfahren bewegt, so wenig werden die einmal gelernten Arbeitsbewegungen bewußt, die man täglich ausführt.

Ort dieser Fähigkeiten ist der Ätherleib. In ihm ist zu Hause, was wie im Schlaf gekonnt wird, was ohne Nachdenken gelingt. Der Ätherleib wird gebildet in die Formen und Fähigkeiten, die ein Beruf verlangt, und aus ihm erfließen dann in der Folge die eingebrachten Arbeitsbewegungen.

Der physische Leib ist die Grundlage des Ganzen. Er ist das Haus, in dem die anderen Hüllen wohnen. Der Ätherleib gestaltet und durchlebt den physischen Leib. Die Seele ist beheimatet im Ätherleib, und die Seele wiederum ist das Haus des Ich, des Wesensmittelpunktes des Menschen. Es ist wichtig, sich deutlich zu machen, daß der ganze Mensch mit seinen Hüllen am Arbeitsprozeß beteiligt ist.

Die Intention geht von den höheren Hüllen absteigend zu den niedrigeren über. Das Ich des Menschen plant und faßt den Entschluß zum Tun. Es steht hinter jedem Arbeitsschritt und intendiert ihn. Die Seele schwingt mit, begleitet und gestaltet nach ihrem Empfinden am Werke mit. Fähigkeiten und Kenntnisse liegen im Ätherleib, und von ihm aus geschieht nun, was in dem Bereich der Fachlichkeit und des Gewohnten liegt.

Das Wirken in die Welt oder in das Werkstück geht den umgekehrten Weg. Das Werkstück wird zunächst als rohes Material erfaßt und zunehmend in die Form gebracht, die ihm von einem Arbeitsschritt zum nächsten zukommt. Was so geschieht, entspricht den Gesetzen des Handwerks, es ist festgelegt in der Form, es ist Äthergestalt. Beim Fertigstellen schließlich spricht Seelisches aus dem so Erreichten, und zum Ende hin verrät das Stück Formwille und Gestaltungsimpuls seiner Hersteller.

Der Arbeitende gestaltet aber nicht nur das einzelne Stück, auch der Arbeitsablauf, der nötig ist, um ein Werk zustande zu bringen, ist in sich gegliedert. Schließlich sind da noch Werkstatt und Gerät – ebenfalls in bestimmter Ordnung und in bestimmtem Gefüge. In all das wirken die Hüllen des Arbeitsleiters mit hinein. Zum einen gestaltet er den Lauf der Arbeit. Das ist Sache der Überlegung und der Erfahrung, aber auch der persönlichen Einschätzung. Es sprechen durchaus seelische Komponenten bei diesen Vorgängen mit. Jeder Meister ordnet Dinge ein wenig anders. Es wirken also auch hier die Hüllen mit.

Das geschieht nicht nur im Handwerk, sondern auch in der Küche eines Haushalts. Jede Hausfrau hat eigene Ansichten darüber, wie Geschirr aufbewahrt wird, wie und wo die Töpfe stehen. Diese Anordnungen sind teils durch die Art der Geräte bestimmt, zum Teil aber auch recht subjektiv, eben persönlich.

Das pädagogische Gesetz, das Rudolf Steiner für das Verhältnis von Lernenden und Lehrenden aufzeigt, wirkt also nicht nur zwischen Menschen, es wirkt auch in die Dinge hinein. Jeder Mensch hat Dinge um sich. Wer kennt nicht das Gefühl, wenn er das Zimmer eines verehrten Menschen betreten soll, um dort etwas zu holen. Man betritt den Raum und zögert. Der Raum verrät viel vom Wesen des

Menschen, der ihn bewohnt. Man möchte nicht stören und geht auf Zehenspitzen hinein, holt, was man holen soll, und geht behutsam wieder hinaus. Unverkennbar, daß hier ein seelisches Element in dem Raum respektiert wird.

Ob es ein Wohnraum, eine Küche oder eine Werkstatt ist: überall schafft der dort lebende Mensch irgendwelche Ordnungen, richtet Dinge und Abläufe so ein, wie er sie haben möchte. Es ist bezeichnend, daß man davon spricht, jemand habe seinen Raum nach seinem Geschmack eingerichtet. Man trifft Anordnungen eben nicht nur nach sachlich-zweckmäßigen Gesichtspunkten, man trifft sie auch nach persönlicher Vorliebe oder Abneigung. Man erfüllt Räume mit menschlichem Wesen.

In einer Werkstatt werden solche Anordnungen nur zum Teil nach den persönlichen Meinungen der Arbeitsleiter eingerichtet, wesentlicher ist in der Regel das objektive Erfordernis der jeweiligen Tätigkeit. Trotzdem sprechen persönliche Elemente mit. Der Meister trifft Entscheidungen aus der Einsicht in die Arbeitsabläufe, aber nach eigener Meinung und Ausrichtung. Tritt nun ein junger, ungeordneter Mensch in eine solche Werkstatt, dann hat er es oft schwer, sich in eine bestehende Ordnung einzufügen. Er übertritt die gegebenen Anordnungen und muß lernen, daß er damit fast immer die Produktion in Frage stellt. Man darf eben in einer Schreinerwerkstatt nicht Staub verbreiten, wenn lackiert wird. Im Winter dürfen frisch verleimte Teile keinem kaltem Zug von draußen ausgesetzt werden. Solche Regeln gibt es in jeder Werkstatt. Der Neuling kann sie nicht einschätzen und verstößt gegen sie, wenn er meint, eine lästige Anordnung umgehen zu können. Nach und nach lernt er die Gesetze der Werkstatt kennen und achten und kommt damit unvermerkt in einen gestalteten Ätherraum hinein. Schon dieser Schritt wirkt schulend und harmonisierend. Lebt man aber eine Weile in solcher Umgebung und hat ihre Ordnungen angenommen, dann wirkt das – wiederum unvermerkt – in den Seelenraum hinein. Der junge Mensch wird auch hier allmählich in eine Ordnung eingeführt. Das ist deutlich zu bemerken, wenn er nun seinerseits erlebt, wie ein anderer Neuling eingeführt wird. Nun ist er derjenige, der Hinweise geben muß, und siehe da: Er gibt sie aus dem Seelenraum heraus. Sein Tadel ist eher heftiger, als der des Meisters jemals war, und deutlich von Mißbilligung getragen. Nach einer weiteren Zeit erreicht dieser

Schulungsgang auch die Wesensmitte des Lernenden, und die angenommene Ordnung wird zu innerer Führung.

Man bemerkt: Wenn Arbeitsräume von Menschen mit starker Persönlichkeit eingerichtet werden, dann legen sie in aller Regel eigene Wesenselemente als Maßstab in diese Gestaltung.

Die Hüllenwirkung der Arbeitsräume geht – wie beim pädagogischen Gesetz – von oben nach unten in die Dinge der Welt. Die Wirkung auf einen Neuling in einer Werkstatt verläuft umgekehrt von unten nach oben. Er orientiert sich zunächst an den Anordnungen der physischen Dinge, lernt dann ihren Zusammenhang kennen und fügt sich damit in die seelische und «ichhafte» Ordnung ein. Auf diesem Phänomen beruht ein wesentlicher Teil des Heilenden im Handwerk und überhaupt in aller Arbeit.

Es ist gut, wenn allmählich ein Gefühl für solche Zusammenhänge herangebildet wird. Man sollte bemerken, wann in einem Produkt Seelisches in Erscheinung tritt, wann es in sich geordnet erscheint und wann es gar eine Ichkraft in der Gestaltung zeigt. Man sollte ein Gefühl dafür entwickeln, wann ein Kleidungsstück das Individuelle des Trägers unterstützt, ohne es zu überspielen, wann es dies unterdrückt oder es in das Gleichmaß einer Gruppenempfindung preßt. Wann stützt eine Frisur oder ein Kleid die Persönlichkeit, und wann stört es sie? Man sollte auch Verbrauchsgüter nach solchen Gesichtspunkten wählen und dann auch pflegen.

Ganz wichtig ist es, dem Arbeitsleiter zu gestatten, seinen Arbeitsbereich nach eigenen Gesichtspunkten einzurichten. Man sollte nicht so exakt vorplanen, daß für Intentionen des Meisters kein Raum mehr bleibt. Man begibt sich dadurch eines außerordentlich helfenden Elements: der heilenden Wirkung, die von der absteigenden Hüllenwirkung des Arbeitsleiters ausgeht. Wenn ein Werkbetrieb zu sehr versachlicht wird, werden junge Menschen nicht mehr durch die Kräfte, die von Älteren ausgehen, geformt.

Die Arbeit beansprucht den tätigen Menschen in seinen Hüllen – er wiederum prägt die Wesensglieder in sein Werk ein. Es ist immer der ganze Mensch, der gefordert wird, es ist aber auch der ganze Mensch, der sich der Welt mitteilt.

9.
Arbeit und Bewegung

Das Gehen des Menschen geschieht im Zusammenspiel vieler Kräfte. Die Füße werden in der – gedachten – Gehspur so gestellt, daß der voranschreitende Fuß etwa um eine halbe Breite nach außen versetzt wird. Werden die Füße weiter auseinandergesetzt, dann hat man den Eindruck eines watschelnden Entenganges, stehen sie näher beieinander, dann wirkt es wie das Schnüren eines Fuchses. Gewöhnlich stehen die Füße also um die halbe Fußbreite von der Mittellinie der Spur auseinander.

Der stehende Fuß trägt das Standbein, das hebende Bein beim Gehen wird Spielbein genannt. Die Hüfte bewegt sich als Ganzes mit dem Standbein, sie senkt sich zum Spielbein hin. Das Becken macht diese Bewegung mit – mehr oder weniger stark. Aber damit nicht genug: Das Rückgrat bewegt sich schwingend mit in der Bewegung des Beckens, und der Schultergürtel und die Arme schwingen gegen den Rhythmus der Beine. Dabei hebt und senkt sich die Schulter – ein Spiel von Bewegungen, das Zusammenfließen im Gehen: ein Bild der Freiheit des Menschen in seiner Unabhängigkeit.

Es kommt hinzu, daß der Fuß sich dem Boden anpaßt, auf den er tritt. Unebenheiten werden ausgeglichen, er stellt sich schräg nach jeder Seite, je nach Bedarf. Die Unebenheiten müssen nicht vorher mit dem Auge erspäht sein. Die Füße sind so unabhängig, daß sie im Aufsetzen tasten und sich anpassen können – ein erstaunlicher Vorgang.

Wer ist noch nicht durch unwegsames Gelände gelaufen, durch einen Wald etwa und gar noch bergab? Man beobachtet dabei die Füße besser nicht, sonst könnten sie fehltreten, aber im Zuschauen wird doch erkennbar, welche Leistung in solchem Gehen steckt. Die Füße erreichen einen Ort und wechseln blitzschnell das Gewicht und die Kraft, mit der sie aufsetzen, wenn er sich als glatt oder unsicher erweist; vor allem neigen sie sich – schneller als man denken kann –

den Unebenheiten entsprechend zur Seite, nach vorn oder hinten. Das alles in fließender, rascher Bewegung, von einem Ort schon den nächsten erreichend und so fort. Dabei schwingt der ganze Körper im gekennzeichneten Rhythmus mit. Die Arme schwingen, das Rückgrat gleicht aus zwischen oben und unten. Die Arme suchen Gleichgewicht, man beugt sich vor, zur Seite, je nach Bedarf – und das alles viel rascher, als der abwägende Blick prüfen kann.

Greift man nach einem Buch oder einem Stift, dann geht die Intention deutlich von innen nach außen. Dabei übersieht man jedoch, daß man nicht weiß, wie das Greifen geschieht. Man schaut ihm zu und glaubt zu wissen, was geschieht. Aber man täuscht sich: Das Greifen – wie jede koordinierte Muskelbewegung – ist ein geheimnisvoller Vorgang.

Hebt man mit einer Hand einen schweren Gegenstand, dann werden zuerst die Unterarmmuskeln betätigt. Sie geben den Fingern die Kraft, die Spannung, den Gegenstand zu umschließen. Will man aber greifen und heben, dann werden sofort die Oberarmmuskeln beansprucht – und nicht nur diese; die Muskeln des Schultergürtels und danach die des Rückens spannen sich ebenfalls; die Spannung geht weiter zum Gesäß – ob man nun sitzt oder steht –, die Oberschenkelmuskeln spielen mit und dann die der Unterschenkel. Die Füße stützen ab, was als Last in die Hand genommen wird.

Dieser Fluß der Muskelkontraktionen geht aber nicht gleichzeitig vor sich, sondern nach und nach in schneller Folge. Daran liegt es, daß man beim Heben der Körper ein wenig nach vorn schwingt und erst allmählich wieder Gleichgewicht erlangt. Es geht sehr schnell, aber keineswegs automatenhaft.

Wer sagt den Muskeln, wann der jeweils nächste dran ist? Wer gibt den Einsatz bei den vielfältigen Bewegungen, die erforderlich sind, wenn man im Wald geht? Wer sagt den Unterschenkelmuskeln, wann welcher Muskel beansprucht wird, wann welcher gebraucht wird und wie sehr?

Wir haben bereits gesehen (s. S. 51), wie der Wille von außen nach innen fließt. Betrachtet man den Verlauf der Muskeln wie die Strömung eines Wasserlaufs, dann sieht man, daß der Strom in das Bein bzw. in den Arm von außen hereinläuft. Und man erfaßt zugleich, daß der Wille eine eigenständige Macht ist, die nach Gesetzen verläuft, welche dem gewöhnlichen Vorstellen fremd sind. Der Mensch denkt und läßt die Glieder dem Denken entsprechend handeln. Aber das Wirken des Willens ist so eigen wie das Pferd, auf dem der Reiter sitzt. Das Bewußtsein lenkt den Willen, aber dieser selbst ist wie ein Meer, auf dem ein Schifflein schwimmt.

Die Grundbewegung ist jedem Menschen eigen, der gesund in seinem Körper lebt. Es gibt aber im Rahmen dieser und anderer Bewegungen individuelle Muster, die dem jeweiligen Menschen eigentümlich sind. Jeder hat einen eigenen Bewegungskanon, der so ausgeprägt ist wie seine Handschrift.

Der Mensch hat eine eigene Art, die Schrift zu führen. Obwohl die Buchstaben des Alphabets feststehen, führt der Mensch die Zeichen in individueller Art aus. So individuell wie seine Schrift ist seine Bewegung. Wer den Blick dafür schult, wird es rasch entdecken.

Das kleine Kind in der Wiege empfängt von Mutter und Vater Nahrung, Kleidung, Wärme, Hygiene. Es empfängt jedoch über die Bewegungen der Eltern auch ein Element, das sich tief einschreibt. Die Äuglein des Säuglings verfolgen die Mutter bei allem, was sie tut. Sie gehen mit und trinken die Bewegung ins eigene Dasein ein. Der Erbleib der Eltern wird über die Bewegung angenommen. Die Eigenart des Daseins von Mutter und Vater drückt sich ganz in ihren Bewegungen aus, und zwar keineswegs nur über solchen, die bewußt sind. Das Bewußtsein erreicht nur einen kleinen Teil des Bewegungselementes. Das Kind nimmt wahr und schlüpft hinein in das Wesen von Mutter und Vater.

Das geschieht freilich nicht nur über die Körperbewegung und ihre Gesten, es geschieht auch mit und in Sprachgesten und Denkgesten. Die Sprache und das Denken haben eine Gesteneigenart wie die Körperbewegung auch. Beide stehen nahe beieinander. Beide wirken auf das kleine Kind, und über sie geschieht, was beschrieben wurde: Das Kind schlüpft über diese Bewegungen in das Wesen der Eltern hinein.

Es ist wichtig, den Stellenwert der Bewegung und der Geste deutlich vor Augen zu haben, wenn man über Bewegung und Arbeit nachdenkt. Die Gesten eines Menschen sind ihm so nahe, sprechen so sehr sein Wesen aus, daß man einen geliebten Verstorbenen über seine Gesten am ehesten erreicht. Man kann über die Erinnerung an Sprach- und Körpergesten ihn lebendig vor die Seele stellen.

Das Kind inkarniert sich in drei großen Bereichen: über Bewegung, Sprache und Denken. Bei seelenpflegebedürftigen Kindern sind alle drei Bereiche gestört oder unvollständig entwickelt. Fast immer ist der Kanon der Bewegungen unvollständig. Entweder gibt es keine Harmonie zwischen Oben und Unten, zwischen Vorne und Hinten oder zwischen den beiden Seiten, die zusammenwirken. Es kommen die Dominanzprobleme hinzu, die eine eindeutige Ausrichtung des Menschen in die Wertigkeiten des Daseins erschweren.

Viele seelenpflegebedürftige Menschen haben eine gestörte «Körpergeographie», das heißt, sie können sich im eigenen Körper nicht orientieren. Sie wissen nicht, wie die linke Hand das rechte Knie oder das rechte Ohr erreichen kann. Ebenso, wie sie im eigenen Körper ohne Orientierung bleiben, können sie sich auch nicht in die Umwelt einordnen, denn das Innenerfahren und Außenfinden entsprechen sich durchaus. Wer nun das eine günstig beeinflußt, hilft auch für den entsprechenden anderen Bereich.

Neben Gymnastik, Eurythmie und anderen Möglichkeiten kann der gezielte Einsatz der Arbeitsgesten wesentlich helfen.

Welch unendliche Mühe wird darauf verwendet, einen jungen Menschen mit Behinderung in die Geheimnisse des Kartoffelschälens einzuführen. Immer wieder wird korrigiert, geholfen, und immer wieder geraten die Schalen zu dick, oder es werden Stellen übersehen. Fast nie gelingt es, einen einigermaßen langen Streifen der Schale in einem Stück abzutrennen, es sind stets kurze Schnipsel, die abfallen.

Wenig hilfreich sind hier die bekannten Schälhilfen, die wie kleine Schneidapparate dafür sorgen, daß die Schalen nicht zu dick werden. Verwendet man dagegen richtige Messer, dann müssen linke und rechte Hand zusammenwirken, um zu einem brauchbaren Ergebnis zu kommen. Ist es nach Jahren unermüdlicher Geduld endlich gelungen und der junge Mensch kann gut schälen, dann ist zweierlei erreicht: Einmal kann jemand beim Kochen helfen, und die Hilfe ist spürbar. Zum anderen hat aber derselbe Mensch eine Schwäche bezüglich seiner Seitendominanz überwunden. Das Links und Rechts spielen nun besser zusammen – eine Tatsache, die einen bedeutenden Einfluß hat auf das Selbsterleben.

Alle handwerklichen Arbeiten geschehen durch Bewegungen, die im Vorne – Hinten, im Oben – Unten und im Rechts – Links vor sich gehen. Anders gesagt, man stößt oder zieht, man hebt und trägt, und man wirkt rechts und links zusammen. Sehr auffallend ist es, welch große Mühe die meisten Menschen mit Behinderung damit haben, eine Arbeitsbewegung, die im oberen Körperbereich stattfindet, mit dem unteren Bereich zusammenklingen zu lassen. Das Sägen am Bock ist ein gutes Beispiel. Der Arbeitende muß die Säge so führen, daß das Blatt leicht durch den entstandenen Schlitz gleitet. Die Bewegung von vorn nach hinten muß glatt und gleichmäßig sein, sonst wird die Arbeit unerhört schwer und sogar unmöglich. Diese Bewegung in eine Harmonie zu bringen kann nur gelingen, wenn der untere Körper in einer Komplementärbewegung des oberen mitschwingt. Auch wenn die Arme und der Rücken die Hauptlast der Arbeit tragen, so stützen die Beine doch ab und federn mit. Ihre Bewegung schwingt genau entgegengesetzt zu der der Arme. Diese Wechselbeziehung herzustellen ist oft eine schwierige Aufgabe und sollte sehr geübt werden.

Dieser Tätigkeit sollten freilich grundlegende Übungen vorausgehen: solche, die den ganzen Körper in eine Gesamtbewegung fließen lassen, wie Hacken oder das Arbeiten mit Heu- oder Mistgabeln. Der Körper wird als ganzer in einer zusammenklingenden Bewegung eingesetzt, nicht in einer entgegengesetzt verlaufenden. Auch das Rudern wirkt so. Ein ungemein hilfreiches Gerät ist die Schubkarre, die es vermag, viele Menschen mit spastischer Lähmung zu einer Bewegung zu führen, die frei wird von Verkrampfung.

Vor allem wirken Arbeitsbewegungen auf die schon genannten Dominanzstörungen ein. Viele handwerkliche Arbeiten werden mit Händen ausgeführt, die zusammenwirken müssen. Und jeder in dieser Arbeit Erfahrene weiß, wie schwer gerade das den jungen Menschen mit Behinderung wird – sei es das Einfädeln einer Nähnadel, sei es das Zusammenlegen zweier Stoffstücke, um sie vernähen zu können. Aber auch das Hämmern mit Hammer und Meißel fällt unendlich schwer. Jeder, der erreicht, daß solche Tätigkeiten mehr und mehr gelingen, hilft, daß ein Arbeitserfolg zustande kommt, aber zugleich – und das wiegt meist viel schwerer – fördert er die Selbsterfahrung des Menschen mit einer Behinderung. Wer eine solche Tätigkeit so erlernt, daß er sie schließlich beherrscht, hat nicht nur den Arbeitserfolg auf der Gewinnseite, sondern auch eine bessere Körper- und damit zugleich Umweltorientierung. Er ist um diesen

Schritt in der Welt angekommen. Handwerkliches Arbeiten ist Inkarnationshilfe. Wir werden die therapeutischen Gesichtspunkte der handwerklichen Arbeit in dem Kapitel über «Pädagogische und heilpädagogische Aspekte der Arbeit» weiterverfolgen (S.147 ff.).

Es ist noch ein Element zu nennen, das die handwerkliche Arbeitsbewegung so wichtig macht, meist aber schwer wahrzunehmen und noch schwerer an den richtigen Ort zu stellen ist. Versuchen wir es:

Die Arbeitsbewegungen sind alle recht festgelegt. Man kann ein Brett, soll es genau rechtwinklig durchgetrennt werden, nur auf eine Art richtig sägen. Ebenso geht es mit dem Gärtnerbeet, das zur Aussaat vorbereitet wird, und ebenso auch mit einem Stück Stahl, das für einen bestimmten Zweck zugerichtet wird. Zweck und handwerkliche Kunst legen den Bewegungsvorgang fest. Der Anfänger lernt ihn, und wenn er ihn beherrscht, gilt er als Geselle.

Der Meister geht damit aber freier um. Er fügt diesem strengen Gesetz eine eigene Note zu, die ihn als Meister kennzeichnet. Er führt den Meißel auf eine Weise, die er sich erarbeitet hat und die gewissermaßen seine Handschrift ist. Andere Meister kennen diese Art und erkennen seine Arbeit.

Man muß Meister bei der Arbeit beobachten, um wahrzunehmen, wie ihre Art, mit dem Werkzeug umzugehen, etwas Leichtes bekommt, etwas ganz Individuelles, aber zugleich in sich Abgeschlossenes. Die Bewegungen werden beinahe ein Tanz. Die Arbeit scheint mühelos vonstatten zu gehen, vor allem erstaunlich rasch und gut. Kann man dies bei einem älter werdenden Handwerker beobachten, dann drängt sich ein weiterer Eindruck auf: Die Geste wird innig, beinahe fromm. Der Arbeitende scheint wie in Andacht tätig zu sein, und den Beobachter überkommt auch etwas wie Andacht.

Dergleichen geschieht gar nicht selten. Man kann oft sehen, wie junge Handwerker älteren zuschauen und dabei eine Stimmung aufkommt wie die eben genannte. Man merkt es auch an der Art, wie über den Meister gesprochen wird. Es schwingt Verehrung, ja Liebe mit.

Die Arbeitsgesten entwickeln sich aus den Gegebenheiten des Materials, das von Gott geschaffen wurde. Der Mensch lauscht ihm seine Gesetzmäßigkeit ab und bearbeitet es so, daß schließlich Ehrfurcht vor dem besteht, was hier zwischen tätigen Menschen und

Gottes Werk geschieht. Es ist eine Zukunftsaufgabe der Menschheit, daß das Arbeiten einen solchen Ehrfurchtscharakter bekommen und zum Dienst an der Erde und am Mitmenschen werden kann (siehe dazu Rudolf Steiner, *Das Karma des Berufes des Menschen*, GA 172, 10. Vortrag.).

Wir stehen erst am Beginn einer solchen Entwicklung. Die heutigen Produktionsweisen sind so, daß sie behutsames Umgehen mit Stoff und Gerät kaum zulassen. Es ist aber notwendig, davon zu wissen und es zu achten, wo es einem begegnet. Man ist schnell bei der Hand mit dem Urteil, daß dergleichen in unserer Zeit nicht mehr möglich ist. Ich stelle dagegen, daß nicht genau beobachtet, wer so urteilt. Es gibt überall Arbeitsleute, die mit echter Hingabe tätig sind. Sie werden übersehen, man bemerkt es nicht. Und gerade das sollte nicht geschehen. Man sollte solcherart arbeitende Menschen beachten und sollte es auch zeigen. So wird diese Eigenschaft bekannt werden und einen Ort haben dürfen in unserer Zeit.

Gesten zwischen Denken und Gefühl

Jede Geste eines Menschen, auch die zielgerichtete Arbeitsgeste, hat – neben dem Bezug zum erforderlichen Tun – auch individuelle Beigaben. Diese individuellen Teile einer Geste verraten viel vom Charakter eines Menschen, von seiner Art und seiner Haltung dem Leben und den Mitmenschen gegenüber. Man sieht ihnen an, wie er sich selbst erlebt.

Ein schwermütiger Mensch wird schwere Gesten haben, auch da, wo leichte angebracht sind. Ein Sanguiniker wird ein wenig tänzelnde Gesten haben, auch da, wo er schwer zuschlagen muß. Die Geste zeigt, wie der Mensch in sich zu Hause ist. Sie kann ausflatternd sein, sie kann lockern, sie kann durch fließendes Tun ins Strömen gebracht werden.

Die einzelne Geste hat unmittelbar keinen Bezug zum fertigen Stück. Sie steht für sich und ist ihrem Charakter nach analytisch. Sie unterteilt das Ganze eines Produktionsganges in einzelne Glieder, die Eigenwert haben. Dieser Eigenwert ist unabhängig vom fertigen Produkt. Man kann sagen, daß die Gesten das Medium sind, dessen sich der Mensch bedient, um ein Ziel zu erreichen.

Dieses eigenständige Wesen wird sichtbar beim Klipp-Klapp der Friseurschere oder beim tanzenden Hammer eines Schmieds. Beide Gesten können für ganz verschiedene Leistungen oder Produkte verwendet werden – sie bleiben sich gleich.

Gesten verhalten sich ähnlich zum Menschen wie das Wasser zum Fisch. Der Fisch ist ein faßbares Wesen – entfaltet aber seine Möglichkeiten nur im Wasser. Das Wasser wiederum ist aber mehr als nur Mittel zum Zweck – es existiert an und für sich. In der Gestik handhabt der Mensch ein Mittel, das ebenso in sich existent ist wie das Wasser. Er drückt der Gestik Individualität auf – sie bleibt jedoch Wesen eigener Art.

Der gedankliche Teil zeigt sich in der Meß- und Wägbarkeit einer Geste. Die Geste ist nachzuvollziehen in faßbaren Werten. Sie ist auch leicht zu berechnen, und man kann die Werte in genauen Zahlen ausdrücken. Das Individuelle der Geste geht aber über das Meßbare hinaus.

Die Säge eines Waldarbeiters übt einen bestimmten Zug und Druck aus. Die aufgewendete Kraft ist meßbar. Wie sie entsteht, ist schwer zu prüfen. Das Spiel der mannigfachen Muskeln geht über den ganzen Körper des Mannes und fließt ineinander zu dem meßbaren Ergebnis. Die einzelne Muskelbewegung im Rücken, die dazu gehört, kann mehr selbststützende Funktion haben, als direkt in das Meßergebnis einfließt – sie ist aber beteiligt als wiederum exakt faßbare Größe.

Je höher entwickelt ein Beruf ist, um so gedanklicher ist die Geste. Wenn ein Mensch an einer Maschine arbeitet, die ihm nicht die Arbeitsbewegung abnimmt, sondern die sich auf eine Funktionsbewegung beschränkt, wird die Arbeitsgeste des Menschen immer genauer und prüfbarer. Je gedanklicher eine Geste, um so weniger individuell ist sie. Fachmann ist hier der, der eine persönliche Note in der Tätigkeit weitgehend unterdrücken kann und anstelle dessen das Werk setzt. Es gehören Selbstzucht und Verzicht dazu.

Geste und Gefühl

Eine gefühlsarme Arbeitsgeste zerstört mehr, als sie bewirkt. Der Anfänger hat gewöhnlich zuwenig Gefühl in den Händen, er muß es über schmerzliche Erfahrungen erwerben.

Die Geste muß auf das Material eingehen. Man kann Kupfer nicht in der gleichen Art hämmern wie Eisen. Sandstein braucht einen anderen Hammerschlag und eine andere Meißelführung als Marmor oder Basalt. Alles Denken darüber hilft nicht viel im Augenblick, da der Schlag fällt: Wird dieser nicht von intimem Materialgefühl bestimmt, wird er nicht richtig wirken. Die Arbeitsbewegung begibt sich in das Wesen des Materials, und bezeichnend ist, daß die Fachleute – ihrer Sache ganz sicher – den Anfänger nur äußerst wenig belehren. Sie raten ihm zu beginnen und sich vom Geschehen selbst belehren zu lassen. Er wird schon hinüberschauen zu den Könnern und versuchen, deren Geste nachzuahmen. Auf diese Weise wird er das Gefühl für Werkzeug und Stoff bekommen.

Ein Beispiel aus eigener Erfahrung: Ich arbeitete als junger Mann mit einem alten Steinmetzen zusammen. Wir sollten Löcher in Basaltsteine schlagen, die an einem Kai lagen. In die Löcher kam ein Absperrgitter. Die Steine waren alt und entsprechend sehr hart. Ich schlug mit aller Kraft – es brachen nur ganz kleine Splitter. Neben mir arbeitete jener recht alte Mann. Ich war kräftiger als er und meinte natürlich, mit der Aufgabe entsprechend rascher fertig zu werden. Weit gefehlt! Bei mir dauerte es Stunden, bis das Loch ein wenig eingetieft war. Der Alte dagegen schlug mit ziemlich leichtem Schlag, ganz rhythmisch, fast spielend, und kam doch sehr viel rascher voran als ich. Er lachte freundlich über meine Mühe und mein Erstaunen und meinte, ich würde das richtige Gefühl schon noch kriegen.

Das Gefühl eines arbeitenden Menschen umfaßt den bearbeiteten Stoff und das Werkzeug. Beide werden so miteinander verbunden, daß sie wie Teile eines Organismus zusammenzugehören scheinen. Der Meißel eines Steinmetzen ist nicht Funktionsteil, sondern Glied des Vorganges «arbeitender Mensch». Entsprechend behandelt der Handwerker seine Werkzeuge.

Aber auch Maschinen verlangen in erstaunlichem Ausmaß Gefühl bei der Bedienung. Ein Planierraupenfahrer muß die Maschine wie den zu bewegenden Boden so ins Gefühl bekommen, daß er instinktiv die Schaufel ansetzt, wo und wie es nötig ist. Das kann man nur durch viel Erfahrung lernen. Ein unerfahrener Mann auf solch einer Maschine leistet nur einen kleinen Teil dessen, was ein Könner zuwege bringt – und er verursacht mehr Reparaturen am Gerät.

Geste und Wille

Der Wille ist sichtbar im Duktus, in der Bestimmtheit der Bewegung. Eine gewaltige, alle Kräfte beanspruchende Bewegung zeigt den Willen leicht, aber auch die feinste Nadelführung beim Schneidern macht ihn unverkennbar sichtbar. Der Wille fließt durch die Gliederbewegung in das Werkzeug. Im Körper wird er begleitet von Gesten: Der Mund wird gespitzt beim Einfädeln einer Nadel, und die Zähne werden zusammengebissen beim Ausziehen eines Nagels. Der im Topf rührende Koch bewegt den Mund und die Zunge mit. Der Geschmack spricht mit – nicht nur beim Anrühren einer schmackhaften Speise, sondern auch beim Anrühren einer Wandfarbe oder bei Gips.

Der Wille wird gelenkt durch die Absichten eines Menschen, seine Fähigkeiten, seine Motivation. Der Wille ist eine in sich wirkende Kraft, deren sich der Mensch bedient. Darüber wird später noch mehr zu sagen sein (siehe den Abschnitt «Der Antrieb zum Handeln», S. 112 ff.).

Es ist wesentlich, sich daran zu erinnern, daß im Bereich des Fühlens eine Strömung zum Denken hingewandt ist, eine andere zum Willen. Die erstere ist die Antipathie, die letztere die Sympathie. Von beiden Richtungen kann in einer Geste etwas leben.

Es gibt keine handwerkliche Geste ohne Sympathieduktus. Das Hingegebensein an das Tun, an das Material, das rasche Hinwirken auf einen Gegenstand, das Fließende in der Geste, das Rhythmische: alles gehört dem Empfindungsbereich der Sympathie an.

Es gibt sehr viel weniger antipathische Gesten: Es sind nur die der ganz modernen Arbeitsweisen, des hochtechnischen Berufs, bei denen die Geste zur Bewegungsfunktion gemindert wurde. Sie muß von allem Persönlichen frei sein, genau der Erfordernis einer Maschine oder eines empfindlichen Arbeitsganges entsprechen. Sie wird voll bewußt angesetzt und ausgeführt. Die Geste ist überaus genau, aber unpersönlich. Die sympathische Geste dagegen ist getragen von menschlicher Hingabe und Wärme. Man erkennt die Handschrift eines Menschen; bei aller Genauigkeit geht das Persönliche nie verloren – im Gegenteil, es erlebt sich freudig am Tun.

Alles Unterrichten von Arbeit, bei Kindern, bei Jugendlichen, bei Kranken, geht aus von der sympathischen Geste und kann erst nach viel Erfahrung auf diesem Gebiet in den Bereich der antipathischen Geste eintreten. Es ist wesentlich, diese streng an die Aufgabe zu binden.

Für therapeutische Erfordernisse wird man sich auf die sympathische Geste beschränken, jedoch darauf achten, daß innerlich unausgeglichene und unzufriedene Menschen nicht auch sympathische Gesten so unfroh und unbeteiligt ausführen, daß sie antipathischen Charakter annehmen und nicht mehr den therapeutischen Absichten entsprechen.

Viele Zeitgenossen verlangen nach Arbeitsbewegungen, die von gedanklich-antipathischen Gesten bestimmt werden. Auf der einen Seite erleichtern sie das Arbeiten. Auf der anderen nehmen sie dem Tun einen Teil des Sympathisch-Heilenden. Der Arbeitsleiter und vor allem der Therapeut müssen auf den Ausgleich zwischen Sympathie und Antipathie achten. Antipathische Gesten verlangen nach Ausgleich. Der ermüdete Mensch sollte einen Ausgleich durch harmonische, geistbezogene Bewegung suchen oder durch ein Studium geisteswissenschaftlicher Inhalte. Wer dies versäumt, wird durch die Arbeit Krankmachendes erfahren.

Eine Sonderform der antipathischen Geste zeigt der Mensch, der bei der Arbeit persönliche Sorgen nicht vergessen kann. Er seufzt schon zu Beginn, und jede Anforderung ist zuviel. Viele Dienstleistungsberufe werden heute von den tätigen Menschen so empfunden. Dem entspricht freilich auf der anderen Seite, daß manche Menschen z. B. als Kunden oder Gäste Forderungen an die Bedienenden stellen, die kaum zu erfüllen sind. Die Forderungen sind so, daß der Dienende sich als Mensch nicht gewürdigt fühlt. Man kennt die Arbeitsbewegungen solcher Menschen: Sie sind schwerfällig, schlecht koordiniert, und sie entsprechen nicht genügend dem Gegenstand, um den es geht. Was aber noch schlimmer wirkt: Der Arbeitende gerät in Hetze und ist nach kurzer Zeit erschöpft.

Jede Tätigkeit – auch antipathische – verlangt Hingabe ans Tun. Wenn diese gestört wird oder nicht auftreten kann, schädigt solches Arbeiten den Tätigen erheblich.

Ein anderer Aspekt unterscheidet die Gesten nach zwei Arten:

- wirkende Gesten
- pflegende Gesten.

Das *Wirken* geht vom arbeitenden Menschen aus. Es wirkt in die Welt, gestaltet sie und verändert sie. Es wirkt aber auch auf den Urheber der Geste zurück. Er wird seinerseits verändert und gestaltet. Unter den wirkenden Gesten nehmen die schlagenden einen besonderen Raum ein – unter den pflegenden die individuellen.

Die wirkende Geste dringt ein, sie verändert, gestaltet, sie baut Material ab. Diese Geste bewirkt etwas. Sie verändert die Form, sie verändert Stoffe, sie verändert Verhältnisse eines oder mehrerer Stoffe in sich und zueinander. Sie ist die eigentlich schaffende Geste.

- Stoff wird geschnitten, genäht.
- Fasern werden gesponnen, verwebt.
- Holz wird gefällt, gesägt, gefügt.
- Eisen wird geschmolzen, gewalzt, gesägt, gefräst, verschweißt, genietet, gebogen, gebohrt, gedreht.
- Leder wird gegerbt, geschnitten, geformt, genäht.
- Ton wird gegraben, geschlämmt, gemaukt, geformt, gebrannt.

Es fallen unendlich viele verschiedene Arbeiten unter den Begriff der wirkenden Geste, aber allen ist gemeinsam, daß sich durch den Tätigen etwas ereignet. Er schaut, was entsteht. Er sieht Arbeit als veränderndes Geschehen.

Unter den wirkenden Gesten gibt es die Gruppe der schlagenden Gesten, die einen eigenen Bereich darstellen. Es läßt sich eine beträchtliche Anzahl von schlagenden Gesten ausmachen, und mit den meisten ist eine bezeichnende seelische Haltung verbunden.

- Es gibt den Axt- und den Hackenschlag; beide beanspruchen den ganzen Körper.
- Es gibt den Beil- und den Hammerschlag, die aus der Körpermitte heraus geführt werden.
- Und es gibt die vielfältigen Schlagarbeiten, bei denen die Rechte den Hammer, die Linke das Werkzeug führt.

Die erstgenannten Schlagarbeiten betonen das Oben-Unten, die nächsten das Vorn-Hinten und die letzten die Waagerechte und die Seiten im Menschen.

Die Schlagarten werden von den Handwerkern sorgsam unterschieden. Sie kennen weiche und harte Schläge, aber auch kurze, trockene, langsam ziehende, treibende oder prellende Schläge. Sie verwenden verschiedenes Material als Hammerkopf: Stahl, Weicheisen, Kupfer, Blei, Holz, Plastik, Rohhaut. Jedes Material vermittelt eine andere Schlagqualität. Das Zuschlagen – selbst mit dem schweren Zuschlaghammer – erfordert ein erstaunliches Feingefühl in der Handhabung des Werkzeugs. Aber auch beim feinsten Hammerschlag des Goldschmiedes überraschen neben der empfindsamen Führung die Kraft und Entschiedenheit, die dahinterstehen.

Der Hammerschlag hat etwas Endgültiges an sich. Er setzt eindeutige Zeichen, die sowohl den Handelnden festlegen wie auch das Werkstück eindeutig behandeln.

Der Anfänger tut sich schwer mit diesen Gesten. Er hat weder die nötige Kraft noch vor allem die Fertigkeit und Erfahrung, die hierzu nötig sind. Und ein falsch geführter Hammerschlag verpfuscht das Stück unwiderruflich. Wer dem Anfänger zuschaut, bemerkt den zu harten Schlag – den Schlag, der nicht landet, wo und wie er soll, den Schlag, der den Hammer beschädigt, und manchen Fehler mehr.

All dies bewirkt im zuschauenden Fachmann ein körperliches Unbehagen, dem er meist deutlich Ausdruck gibt. Es macht aber auch erkennbar, wie tief die Qualitäten des Arbeitens in die Wesenszusammenhänge des Menschen hineinragen.

Mancher lernt es nie! Manche Fehler überwindet der einzelne nicht – sie verraten viel über ihn selber.

Eine außerordentlich heilende und schulende Wirkung haben die koordinierenden Hammerschläge des Schnitzens. Der Hammer ist aus Holz, der Schlag entsprechend weichfedernd. Die Rechte führt den Hammer gleichmäßig-rhythmisch. Sie folgt der Bewegung des Messers, ohne daß der Schnitzende auf sie schaut. Sie variiert den Schlag je nach Besonderheit der Maserung. Das alles läuft wie von selbst; es ist, als ob die Rechte eigene Augen zur Verfügung hätte.

Das Rechts-Links wirkt harmonisch-selbständig und durchaus aktiv. Das Bewußtsein erreicht den einzelnen Schlag nicht mehr – es geht wie im Schlaf.

Bei der *pflegenden* Geste bewahrt der Handelnde die vorgegebene Form und verändert nicht. Er hilft, heilt, verschönt, pflegt, säubert, er gibt letzten Schliff. Alle Dienstleistungsarbeiten fallen hierunter: alles Säubern, Waschen, Reinigen. Man kann die Tätigkeit des Lehrers dazu rechnen und des Priesters, des Arztes und der Krankenschwester, der Kindergärtnerin, aber auch des Landwirts und des Gärtners, kurz: aller Berufe, die dem Leben dienen.

Es gehört aber auch in produktiven Berufen manche Handhabung in diesen Bereich: Pflege des Holzes auf dem Holzplatz, Pflege der Werkzeuge und Geräte, das Schleifen von Holz, Polieren, Finishen. Überhaupt alle verschönenden und beendigenden Handgriffe – auch das Malen und Lackieren fallen darunter.

Die seelische Haltung unterscheidet sich polar gegenüber der des Wirkens. Krankenschwestern oder Lehrer verstehen ihre Tätigkeit ganz anders als der Produzent. Beide sind für eine Menschengemeinschaft unerläßlich. Beide brauchen ihren Raum.

Der ungeschickte Anfänger oder derjenige mit besonderen Problemen wird in der Regel leichter über eine pflegende Tätigkeit in die Arbeit einsteigen. Er wird erst nach einiger Zeit Mut und Geschick aufbringen, in die wirkende Seite eines Handwerks einzutreten.

10.
Das Gesetz der Arbeit

Jedes Material, jeder Arbeitsvorgang und die Hilfsmittel haben eigene Bedingungen. Selbstverständlich berücksichtigen Handwerker und Produzent diese Bedingungen und bauen mit ihnen rund um die Arbeit herum etwas auf, was man ein Gesetz der Werkstatt nennen kann. Allerdings gehört dazu mehr als das eben Genannte. Es kommt hinzu der Arbeitsprozeß, wie er durch ein bestimmtes Produkt oder eine Produktgruppe entsteht. Aber auch das genügt noch nicht: Die Persönlichkeit des Meisters bestimmt mit. Dies wird von jedem neu Hinzutretenden stark empfunden. Der Meister bestimmt die Ordnung, den Arbeitsablauf, die Einteilung. Er sorgt für die Stimmung, den Frieden in der Werkstatt. Es ist ein Segen für eine Werkstatt, wenn ein tüchtiger und lebenserfahrener Mensch diese Aufgabe annimmt. Die Mitarbeiter arbeiten zugleich zufriedener und effektiver, als wenn eine abstrakte Werkstattordnung festgelegt wurde, über die von Aufsichtspersonen gewacht wird.

Der Meister hat sich die feststehenden Bedingungen des Materials und der Hilfsmittel so sehr zu eigen gemacht, daß er jeden Verstoß gegen diese Normen wie einen körperlichen Schmerz empfindet. Je nach Temperament wird er auf Fehler reagieren – aber immer als Mensch und nicht als Funktionsteil. Es ist ihm nicht gleich, was geschieht. Er ist betroffen, wenn Dinge falsch laufen. Er verhält sich zu ihnen wie ein Eigentümer. Und recht verstanden ist er das auch – eben weil er die Dinge so nahe an sich herankommen läßt.

Ein solcher Mensch wirkt unerhört überzeugend. Er steht in einer inneren Verpflichtung zum Werk. Er weiß unter Umständen, daß er diese Verpflichtung mit seinen individuellen Möglichkeiten vertritt; er weiß, daß diese Möglichkeiten manchmal unzulänglich sind – aber dennoch steht er in der Verpflichtung. Ein solcher Mensch verdient Vertrauen. Ihm folgen seine Leute auch in schwierigen Zeiten, und ihm glauben die Kunden und vertrauen darauf, daß die Arbeit sorgfältig gemacht wurde.

Dieses Gesetz ist ein eigenständiges Glied dessen, was man Arbeit nennt. Ein Teil dieses Gesetzes ist in bestimmten Werkstätten gleich: Alle holzverarbeitenden Betriebe richten sich nach bestimmten Regeln; metallverarbeitende Betriebe haben wieder eigene und so weiter. Der individuelle Teil des Arbeitsgesetzes tritt hinzu und nimmt einen bedeutenden Raum ein. Es ist sehr unklug, dies zu übersehen und nicht seiner Bedeutung entsprechend zu gestalten.

Ein weiteres Element des Arbeitsgesetzes ist das der Bewegung. Alles sich Bewegende hat eine eigene Dynamik: in der Vermehrung der Kraft, die sich im Werk niederschlägt. Darüber hinaus hat sie aber etwas gewissermaßen Individuelles, das rein aus sich existiert.

In einer Werkhalle bewirkt Bewegung eine Dynamik, der niemand widerstehen kann. Man kommt in den speziellen Werkstattrhythmus, bewegt sich entsprechend, möchte mittun. Die Bewegung hat Einfluß auf den tätigen Menschen, auf den Arbeitsvorgang, die Geste und auf das Produkt. Geschwindigkeit, Drehung, Bewegung werden aus anderen Elementen erlebt und beurteilt als aus solchen, die in ihnen selbst liegen. Sie entziehen sich dem Menschen, spiegeln ihm einen Schein vor, mit dem er umgeht. Geschwindigkeit z. B. hat etwas Verführendes, das der Mensch bewußt unter Kontrolle haben muß. Der Mensch erlebt die Bewegung mit Kräften, die unterhalb der wachen Sinne stehen: mit Lebenssinn, Eigenbewegungssinn, Gleichgewichtssinn. Treten bei Geschwindigkeiten Defekte auf, reagiert der Mensch mit Störungen seiner Organe.

Ein besonderer Fall von Bewegungsbeobachtung ist die Eigendynamik einer tüchtig arbeitenden Gruppe von Leuten. Die Arbeit scheint von selbst zu gehen. Man kann gut einsteigen. Man lernt durch Zusehen, was nötig ist. Man schaut gerne zu, denn das Bild hat etwas in sich Gutes. Die Gesichter der Leute sind konzentriert, aber fröhlich. Der Kunde freut sich, in einen solchen Betrieb zu gehen. Er kauft gerne. Ein mürrischer Mensch stört das Bild. Dort hakt der Arbeitsfluß.

Dynamik hat jedoch die Tendenz zu verhärten. Sie bekommt eine Eigengesetzlichkeit, die schließlich über den Menschen hinweggeht. Dann leidet die Effektivität der Werkstatt. Was einmal gut war, wird zum Hemmschuh. Arbeitsdynamik muß vom Wollen aller Mitarbeitenden leben können. Wenn sie eine Eigentendenz bekommt, die aus sich wirkt, ohne nach dem Menschen zu fragen, wird sie schwer, hemmend, macht die Arbeit träge. Dann arbeitet der einzelne nur mit schwacher Motivation. Er tut, was er muß, aber nicht mehr. Die Arbeitsabläufe sind tadellos berechnet, aber unlebendig.

Die eigentliche Motivation zur Arbeit fließt aus den tiefsten Quellen des Menschseins. Wo ihnen nur ein wenig Raum gegeben wird, sind es heilsame, gute Kräfte. Der Mensch möchte arbeiten, das heißt für andere tätig sein. Es ist ein sicheres Mittel, ihn in seinem Menschsein unsicher und krank zu machen, wenn man ihm die Möglichkeit nimmt, für den Mitmenschen tätig zu sein. Aber diese positiven Kräfte wirken nur, wo eine gewisse Frische, innere Lebendigkeit, Jugendlichkeit vorhanden ist. Wo Arbeit und Arbeitsabläufe aus überkommenen Regeln, aus rein rechnerischem Kalkül laufen und der Mitarbeiter sich nur noch anpassen muß, kommen sie nicht zum Tragen.

Es ist erwiesen, daß selbst große, gutgehende Firmen unter solchen Erscheinungen leiden und einen Weg suchen, den einzelnen Mitarbeiter wieder zu erreichen. Das kann nicht gelingen, wenn Gewinn und Leistung im Vordergrund bleiben und die Arbeitskontrolle das Vertrauen in den Menschen beeinträchtigt. Die Effektivität wird steigen, wenn Arbeitsprozesse nach der dem Menschen abgelauschten Gesetzmäßigkeit gestaltet werden – und damit lebendig bleiben können.

Moderne Massengüterherstellung ist nur denkbar durch Arbeitsteilung. Ein Arbeitsprozeß wird so in Einzelschritte zerlegt – über das erste Behandeln des Rohmaterials, über die verschiedenen Stadien des Arbeitsfortschritts bis zur Herstellung des Produktes –, daß jeder Schritt isoliert steht und einen selbständigen Arbeitsplatz nach sich zieht.

Der Tätige kann auf diese Weise seine Produktivität vervielfachen, denn der vereinfachte Arbeitsvorgang erlaubt ein sehr viel rascheres Arbeiten als ein komplexer Arbeitsprozeß. Leider zieht damit jedoch Monotonie in den Arbeitsplatz ein, die den tätigen Menschen nahezu zum Maschinenteil degradiert. Es kann aber nicht übersehen werden, daß der heutige Wohlstand Kind dieser Arbeitsteilung ist. Wir alle hätten sehr viel weniger Güter zur Verfügung – auch der bedauerte Teilarbeiter –, wenn noch nach herkömmlichen Handwerksmethoden gearbeitet würde.

Der Handwerker hatte die Freude, unter seinen Händen ein Werkstück entstehen zu sehen. Er konnte voller Genugtuung auf sein Werk schauen, und er bezog ein beträchtliches Selbstgefühl aus dieser Tatsache. Das mittelalterliche Zunftwesen gibt mannigfache Zeugnisse dieses Selbsterlebens.

Ganz anders der moderne Teilarbeiter. Er kann aus den einfachen Handgriffen, die er tausendfach wiederholt, keinerlei Befriedigung gewinnen. Und in der Regel sind Arbeitstempo und Beanspruchung der Aufmerksamkeit so intensiv, daß konzentriert gearbeitet werden muß. Es bleibt kein Raum für Gedankenwandern beim Tun.

Der einzig greifbare Ansporn bei solch unbefriedigender Arbeit konnte der gesteigerte Lohn sein, den man unter anderem durch hohe Stückzahlen erreicht. Die Geschichte der Industrieentwicklung ist begleitet von immer wieder enttäuschten Hoffnungen auf Lohnsteigerung durch höhere Stückzahlen. Die Arbeitsnormen wurden jedesmal aufs neue erhöht, und der Arbeiter empfand sich als ausgenützt und betrogen.

Diese Entwicklung hat verdeckt, daß in der Teilarbeit eine Qualität verborgen liegt. Denn jeder arbeitsteilig tätige Mensch muß das Selbsterleben zurückstellen. Er kann aus dem Tätigsein keine Befriedigung ziehen. Er ist also – vom Tun her betrachtet – selbstlos tätig.

Man kann einwenden, daß wenig Selbstlosigkeit vorliegt, wenn man gezwungen ist, «Arbeitssklave» zu sein. Der Einwand übersieht, daß hier nicht die sogenannte Motivation betrachtet wird, sondern das Arbeiten als eigenes Medium. Tun hat eigene Qualität. Auch der gezwungen arbeitende Mensch läßt durch Arme und Hände positive Kräfte fließen. Er selbst mag unzufrieden sein – sein Tun, in sich betrachtet, ist ein positives Element.

Die heutige Unzufriedenheit vieler arbeitender Menschen ist ein eigenes Kapitel, das hier nicht angeschaut werden soll, das aber sehr wohl beachtet werden muß. Sie gehört in den Rechtsbereich. Man steht als Arbeitender neben anderen, ist gemeinsam tätig mit ihnen. Dieses Nebeneinander verlangt nach einem Rechtsort am Arbeitsplatz. Wenn dies nicht genügend beachtet wird, nicht gesichert oder im Ungleichgewicht ist, stellt sich Unzufriedenheit ein. Auch die Bezahlung gehört in diesen Bereich.

Die Arbeit zielt auf den Konsumenten hin. Wenn der Arbeitende als Mensch frei und zugleich der Rechtsort gesichert ist, dann zeigt sich, daß es durchaus selbstlos ist, Werte zu schaffen. Man ist gerne für andere tätig.

Die Freiheit des einzelnen im Tun entspringt aus sehr tiefen Quellen seines Menschseins. In allem Arbeiten liegt inneres Bewegen, und das entspringt aus dieser Tiefe. Es ist identisch mit dem Sein des Menschen.

Eine andere Betrachtung zeigt folgendes Bild: Man stelle sich eine beliebige Gruppe von Menschen unserer Zeit vor und gebe ihr eine Aufgabe. Die Aufgabe soll einen gewissen Umfang haben und durch Tätigsein mit der Hand zu bewältigen sein. Die gedachte Gruppe wird in kurzer Zeit – ohne äußeren Zwang – Arbeitsteilung einführen.

Ein Beispiel: Ich habe erlebt, daß Freunde in einem biologisch-dynamisch bewirtschafteten Garten mithalfen, eine ungewöhnlich reiche Bohnenernte einzubringen. Es waren so viele Bohnen, daß es unmöglich war, sie auf den Markt zu bringen, weil dieser nicht mehr abnahm. Man beschloß, sie in Gläser einzuwecken; eine große Zahl von Freunden fanden sich zu diesem Einsatz. Zunächst wurde gepflückt, dann aber fand man heraus, daß es sinnvoll war, schon mit dem Vorbereiten der Gläser zu beginnen, und bald darauf saß eine Gruppe beisammen, die die gewaschenen Bohnen entfädelten und schnitten. Schnell stellte sich heraus, daß einige geschickt waren in bestimmten Tätigkeiten. Der eine konnte schnell und sicher Gläser spülen, der andere war gut im Abfädeln, andere wiederum besonders geschickt im Schneiden und Schnipseln. Nach kurzer Zeit war Arbeitsteilung eingetreten, und alle waren fröhlich.

Von solchen Erlebnissen gibt es viele lustige Erzählungen. Ein Amerikaner – wie sollte es anders sein – erlebt, wie ein Töpfer in Spanien Vasen dreht, und das in erstaunlicher Geschwindigkeit. Er kommt bald auf Ideen, wie sich die Produktion vereinfachen ließe, und erkundigt sich nach dem Preis der Vasen. Hundert Stück, in der alten Weise hergestellt, sollten einen bestimmten Preis haben. Als aber nach der neuen Methode viel mehr Vasen entstehen sollten, wollte der Töpfer auch viel mehr Geld haben für jede Vase, denn die neue Methode entsprach nicht der der Väter.

Ein anderer Amerikaner erlebte nach dem Krieg in Indonesien eine Herstellung von Sandalen aus alten Autoreifen. Die Idee faszinierte ihn, und er wollte die Arbeitsweise vereinfachen. Die eine Arbeitsgruppe sollte linke, die andere rechte Sandalen machen. Die Arbeitshilfen, die Schablonen, alles legte den Gedanken nahe. Aber die Mitarbeiter streikten: Jeder Mann mußte sein Paar von Beginn an fertigstellen, linke und rechte Sandale, sonst war er unzufrieden, und ein unzufriedener Mann arbeitet schlechter als ein zufriedener.

Ganz anders in unserer Zeit. Es gab ein Sommerfest in einer Waldorfschule. Die Blumenbeete sollten vor den Füßen der vielen Besucher geschützt werden, und es waren Felder auf den Wiesen abzuteilen. Man brauchte viele kurze Pfähle, um diese Begrenzung herzustellen, und nahm dafür Dachlatten, auf gleiche Länge gesägt und an einem Ende angespitzt. Eine Gruppe von Schülern bewerkstelligte die Arbeit. Auch hier entstand ganz rasch eine Arbeitsteilung, ohne daß sie vorgeplant war. Eine Gruppe sägte, eine andere spannte Stücke in die vorhandenen Hobelbänke ein. Die Bänke wurden in Kreise gestellt, und vier Schüler spannten rasch die Holzstükke ein und wieder aus. Ein Schüler rannte ganz fix, von einem eingespannten Holzstück zum anderen – ein paar rasche Schläge, und die Spitze war auf einer Seite da. Rasch umgespannt, wieder einige Schläge, und die andere Seite war fertig.

Auch hier also war Arbeitsteilung hergestellt, ehe man es bedachte. Wer sich selbst beobachtet, wird merken, daß wir alle dazu neigen, umfangreiche Arbeiten aufzuteilen. So scheint der Gedanke erlaubt, daß die Arbeitsteilung keineswegs isoliert und gewissermaßen von selbst auftrat, sondern daß sie einen Entwicklungsschritt der Menschheit darstellt.

Das alte Handwerk brachte gesteigertes Selbsterleben des Arbeitenden. Moderne Arbeitsweise verzichtet auf dieses Selbsterlebnis, stellt den Tätigen hinter die Arbeitsaufgabe zurück. Es ist nicht unangemessen, dies selbstlos zu nennen – aber es bleibt die Frage nach der Sinnerfüllung des Daseins und nach der Selbstorientierung des Teilarbeiters in seiner Umwelt bestehen. Leistung und Verdienst reichen hierfür nicht aus, weil sie die Ebene des Tuns nicht berühren: Der konzentriert Tätige vergißt über dem Tätigsein alle solche Motivationen. Aus der Konzentration aufgetaucht, mag er sie erleben, aber sie treffen nicht das Entscheidende.

Leistung und Arbeitsergebnis verhalten sich zum Arbeitenden, wie sich Fußspuren im Schnee zu einem fortschreitenden Menschen verhalten. Gewiß sind sie vom Menschen erzeugt, gewiß sagen sie eine Menge über ihn aus. Aber sie sagen nichts über das Ziel des Gehenden, seine Intention, diesen Weg zu wählen. Sie sagen gar nichts über eine Kursänderung aus, die vorgenommen wurde oder bald eintreten wird – kurz, sie geben nur Auskunft über Vergangenes und einzelnes, aber nicht über den komplexen oder zukünftigen Vorgang.

Es mehren sich die Menschen, die Industrie- und Teilarbeit ablehnen. Wenn dieses Anliegen keine Abwendung von unserer Welt bedeutet, darf es als berechtigt angesehen werden. Solchen Menschen kann geraten werden, einen Dienstleistungsberuf zu ergreifen. Dieser steht – vom gekennzeichneten inneren Aspekt her gesehen – auf gleicher Ebene mit der Teilarbeit. Nur daß hier *der Wunsch des Mitmenschen* unmittelbar Anlaß ist, von der eigenen Person abzusehen und sich einer Aufgabe ohne Vorbehalt zuzuwenden. Dienstleistung ist wie Teilarbeit selbstlos.

Wir haben bereits festgestellt, daß die Arbeit den ganzen Menschen erfaßt und ihn auch in seinem Wesen bestimmt. Trotzdem zeigt diese Überlegung, daß moderne Arbeitsweisen nach einem Ausgleich verlangen. Solcher Ausgleich wird vielfach in Bewegungsarten gesucht, die den ganzen Menschen beanspruchen und möglichst keine Zweckbestimmung kennen. Spiel und Sport gehören dorthin. Tatsächlich finden solche Bewegungen in sich ihren Ausgleich, aber nur innerhalb ihrer selbst. Sie gleichen nicht das Minus aus, das durch die einseitige Arbeit entstanden ist.

Diese verlangt nach einem anderen Ausgleich, nach einem Ausgleich auf einem Gebiet, das zu dem Auszehrenden der Arbeit die Sinnerfüllung des Menschseins hinzuträgt. Das vermag der freie Geist des Menschen, das vermögen Kultur und Religion.

Es ist nicht anzunehmen, daß Teilung als Arbeitsprinzip überwunden werden wird. Wie wir gesehen haben, neigen die Menschen unserer Zeit, also wir alle, dazu, Arbeitsteilung einzuführen, wenn wir eine umfangreiche Aufgabe vor uns haben. Schon Kinder beginnen damit. Es ist aber eine Überlegung wert, ob die Teilungen ausschließlich unter dem Gesichtspunkt der Ökonomie und Zweckmäßigkeit vorgenommen werden sollten – also im Hinblick auf die größtmögliche Menge, die erzeugt werden kann – oder ob ein neuer Gesichtspunkt hinzugezogen werden kann: der des menschengemäßen Arbeitens. Die Teilungen werden dann anders gestaltet sein, sie werden sich nach dem gesamten Arbeitsprozeß richten, man sucht nach organischen Teilungen. Der einzeln Tätige wird dabei ein wenig langsamer arbeiten, aber – da er den Arbeitsprozeß leichter übersieht – sich als gestaltenden und wesentlichen Teil erleben. Eine solche Struktur wäre Arbeitsgliederung zu nennen.

Die Tätigkeit sollte nicht in Teile zerlegt werden, die oft gar keinen Bezug mehr haben zum fertigen Stück, sondern es müßte der gesamte Arbeitsgang daraufhin betrachtet werden, welche Elemente in vernünftigem Zusammenhang stehen zu den nächsten. Die Aufteilung kann nach erkennbarem Sinnzusammenhang geschehen und nicht nach Zweckmäßigkeit und Effektivität. Es sollte außerdem der einzelne Arbeitende ein Wort mitreden bei der Gliederung, denn er hat mit Sicherheit persönliche Neigungen und Abneigungen, die – wenn sie berücksichtigt werden – seine Tätigkeit unendlich erleichtern werden. Er muß selbst sagen können, was er arbeitet, wieviel er tun und wie er es tun wird. Der Arbeitsleiter wird mit Vertragspartnern verhandeln und selbst auf diese Weise vom Antreiber zum Partner der Werktätigen werden.

In diesem und dem vorangegangenen Kapitel sind wesentliche Gesichtspunkte zur Arbeitsgestik und zum Arbeitsablauf dargestellt worden, so daß wir uns nun dem Zusammenhang zwischen Arbeit und Mensch, wie er sich aus verschiedenen Aspekten ergibt, zuwenden können. Dies soll im folgenden Kapitel geschehen.

11.
Gliederung des Zusammenhangs zwischen Arbeit und Mensch

Arbeit ist ein komplexer Vorgang, dessen einzelne Glieder Verschiedenes aussagen. Der Mensch wiederum besteht aus Gliedern eines Gesamtwesens, die in unterschiedlichen Beziehungen zur Arbeit stehen.

Arbeit kann betrachtet werden unter dem Gesichtspunkt der Einzelglieder

- Material
- Geste
- Ablauf
- Produkt.

Der Mensch hat

- eine leibliche
- eine auf das Leben bezogene
- eine seelische und
- eine geistige Seite.

Die verschiedenen Wirkensweisen des einen Glieds auf das andere ergeben Gesichtspunkte, die für das Verständnis und die Handhabung der Arbeit von Bedeutung sind. Sie werden in den folgenden Abschnitten kurz dargestellt.

Das Material – geistig betrachtet

Nach längerer Zeit des Umgangs mit einem bestimmen Material geht der Mensch eine Verbindung mit den charakteristischen Merkmalen des Stoffes ein.

Wer Holz verarbeitet, wird in Grundzügen seines Wesens von diesem lebendigen Stoff beeinflußt. Ganz anderes geschieht jemandem, der Metall verarbeitet. Das kann ein Lehrer beobachten, der Entlaßschüler aus der Schule weiter verfolgt. Eine Gruppe verhältnismäßig ähnlicher junger Leute verändert sich unter dem Einfluß ihrer Berufsausbildung in einer Weise, daß man das Material, an dem sie arbeiten, spürt. Der Vorgang ist den Betroffenen nicht erkennbar, wohl aber dem Beobachter.

Diese Merkmale bestimmen die Denkrichtung und das Selbsterleben des Menschen. Lebendigkeit des Materials, Dehnbarkeit oder Starre, Festigkeit, Herkunft sprechen als Gesamtes. Über der täglichen Handhabung schmiegt sich der Geist des Menschen solchen Qualitäten an und übernimmt sie schließlich. Dabei kann man nicht von Beeinflussung sprechen oder gar Abhängigmachen, da die Übertragung auf einer Ebene des legitimen Lernens und Erfahrens geschieht. Menschlicher Geist lebt durch Lernen und Entwicklung – alle Elemente des Lernens und Erfahrens gehören dem Geiste an, leben gewissermaßen im gleichen Haus.

Das Material – seelisch betrachtet

Empfindungsbereich und Geistbereich des Tätigen werden durchzogen von seelischen Erfahrungen. Im unmittelbaren Erleben ist die Grenze zwischen Seele und Geist eines Menschen kaum zu ziehen. Sie leben eines im anderen und werden zugleich wahrgenommen. Die untersuchende Betrachtung legt sie zur Verdeutlichung auseinander und tut damit einen Kunstgriff.

Im Urteil, in den Denkgewohnheiten und im Selbsterleben schwingen alle Elemente des Menschen zusammen – sogar rein leibliche Tatsachen sprechen sich so aus. Es leben indes gerade in den Grundmaterialien des Handwerks seelische Qualitäten, die als solche verstanden werden müssen, um sie nicht zu verkennen. Leder spricht anders als Eisen, Stein anders als Textilfaser.

Leder ist ein lebendiges Material. Wenn man ein Stück gutes Leder so über den Daumen zieht, daß die Außenseite sich öffnet, erlebt man ein Farbenspiel von ganz besonderer Art. Zu den Farben gesellen sich Geruch, die sanfte Glätte beim Anfassen, die Biegsamkeit, die Zähigkeit. Bei jedem Handgriff im Umgang mit Leder spielen diese

Erlebnisse mit. Der Arbeitende nimmt sie wahr als zu ihm gehörend.

Das Eisen dagegen ist kalt, hart, abweisend. Aber Eisen – oder Stahl, wie man ihn heute verarbeitet – klingt, wenn man daran stößt, es schwingt und vibriert. Es ist ein Erlebnis eigener Art, Eisen schmelzen zu sehen. Beim Schweißen verschmelzen zwei Eisenteile miteinander. Der Schweißer muß dies sehr sorgfältig beobachten, um Fehler zu vermeiden. – Ganz anders verhält sich das Eisen, wenn beim Bohren, Drehen und Feilen Späne abgehoben werden. Es wird ein Widerstand überwunden, und das Material ergibt sich dem Willen des Menschen. Eisen ist unerhört hart, aber formbar. Es stellt sein Eigenwesen ganz in den Dienst des Menschen.

Daß diese Grundmaterialien des Handwerks also ihre je eigenen seelischen Qualitäten besitzen, drückt sich aus im Urteil des Menschen, der mit ihnen umgeht, in seinem Geschmack, der hier umfassender gemeint ist, als er gewöhnlich verstanden wird. Diese Urteilssicherheit gibt dem Menschen Halt und Richtung in seinem Verhältnis zu Menschen und Ereignissen, die auf ihn zukommen.

Das Material und das Leben

Das Lebendige ist ein eigenständiger Bereich innerhalb des Menschen, zwischen der Physis auf der einen, Seele und Geist auf der anderen Seite. Erinnerung, Gewohnheit, alles, was man wie im Schlaf kann, gehören ihm an. Der Lehrer beansprucht Lebenskräfte, wenn er das Kind zum Lernen veranlaßt.

Diesem Bereich kommt in allem Tun große Bedeutung zu. Handwerkliche Ordnung, Gewohnheiten im Umgang mit Werkzeug, Material und Hilfsmittel nehmen einen breiten Raum ein. Der pädagogisch orientierte Betrachter schätzt gerade diese Seite wegen ihrer erzieherischen und sogar therapeutischen Bedeutung. Gute Gewohnheiten stärken Gesundheit, Wohlbefinden und Ordnungssinn und geben innere Sicherheit.

Ein Beispiel: Stecheisen und Hobel des Schreiners sind scharf. Und die Schneiden sind sehr empfindlich. Das Schleifen erfordert viel Mühe. Deshalb legt der Schreiner solche Werkzeuge stets behutsam zur Seite. Und er hört – zwischen allen übrigen Geräuschen der

Werkstatt – unverkennbar heraus, wenn ein solches Werkzeug fällt oder unsachgemäß gestoßen wird. Das geht so weit, daß er wie elektrisiert ist, wenn an ganz anderem Orte ein ähnliches Geräusch entsteht. Jeder kann an sich selbst beobachten, daß Erfahrungen, die zur Lebensgewohnheit geworden sind, ein Eigenleben führen.

Eine Arbeitsstätte ist bestimmt durch solche Elemente. In früherer Zeit mutete man den Lehrlingen zu, vornehmlich über sie in den Bereich der Arbeit einzusteigen. Es wurde fast nichts begrifflich erklärt – der Anfänger lernte durch bloßes Zuschauen und Mittun.

Das Material und das Physische des Menschen

Der Habitus des Körperlichen, bis in die Gliedmaßen – die Hände, das Stehen auf der Erde –, bis in die Bewegungen hinein, wird geformt von der Materialführung. Der Prozeß geht über den seelischen Bereich und den Bereich des Lebendigen bis in die Physis. Ein junger Bauer bekommt einen anderen Gang als ein Schreiner, dieser einen anderen als der Maurer. Man kann an den Händen das Handwerk des Betreffenden erkennen. Und es ist zu vermuten, daß die Beeinflussung noch tiefer geht, bis in die Körperrhythmen.

Der Arbeitsablauf – geistig betrachtet

Im alten Handwerk wurde der Arbeitsablauf als Gesetz angesehen, dem der einzelne sich unterordnen mußte. Aber auch heute hat dieser Teil eine ähnliche Gewalt. Der Arbeitsablauf setzt Maß. Der Anfänger muß dieses Maß erlernen und sich ihm fügen. Ein Auflehnen gegen diese Ordnung erscheint jedem unmöglich. Das Maß, das Ordnungsgefüge, entsteht durch die Bedingungen des Materials, der Hilfsmittel und des Produkts. Auf den ersten Blick scheint es – von den Komponenten her betrachtet – recht willkürlich bestimmt. Bei näherem Hinsehen nimmt es einen eigenen Raum ein, der viel umfassender ist als die Summe der Punkte, die es veranlaßte. Wer diese Ordnung stört, bekommt den Grimm aller Mitarbeitenden zu spüren, und zwar in solchem Maße, daß deutlich ist: Hier wurde nicht nur eine äußerliche Ordnung gestört, sondern ein inneres Maß der Menschen mitverletzt. Dieses innere Maß ist in mehreren Gliedern des Menschen beheimatet – aber auch im Geiste des Arbeitenden. Maß und Ordnung der Arbeit übertragen sich auf den Tätigen. Er identifiziert sich mit ihnen.

Meister ist, wer dieses Gesetz so tief in sich aufgenommen hat, daß sein ganzes Wesen damit verbunden ist. Er lebt nach diesem Gesetz, sein Wort drückt es aus. Das betrifft den heutigen Industriemeister genauso wie die alten Handwerker.

In diesem Gesetz lebt eine Weisheit, die über das Verstehen des einzelnen Menschen und die zufälligen Gegebenheiten eines bestimmten Produkts weit hinausreicht. Die äußeren Veranlassungen setzen etwas in Gang, was an tiefe Quellen im Werden und Sein des Menschen rührt.

Die Bibel weist unverkennbar auf den Sinn hin, den diese Dinge haben: Moses bringt vom Berge Sinai nicht nur die zehn Gebote mit, sondern genaue Anweisungen zum Bau des Tempels der Juden. Es werden minuziöse Anweisungen gegeben für die Herstellung der einzelnen Bauelemente des beweglichen Tempels mit teilweise exakten handwerklichen Angaben: welches Holz zu verwenden ist, wie ein Schrein zu fügen ist, wie Teppiche beschaffen sein sollten, wie Bronzeguß auszuführen ist. Es wird eine Handwerkerhierarchie eingesetzt. Es wird die Verwendung der kultischen Geräte bestimmt. Die Priesterhierarchie erhält genaue Vorschriften zur Lebensweise, für die kultischen Verrichtungen, für die Kleidung. Das Allerheiligste wird beschrieben. Nur Priester dürfen es sehen – und diese auch nur nach genau eingehaltenen Riten. Das Allerheiligste enthielt einen Schrein, hohl gefügt aus Akazienholz. Darüber wurde ein Thronsessel aus Erz gebildet, der in seinen Bauteilen aus zwei Cherubim bestand. Der eine bildete mit einem Flügel eine Seite des Thronsitzes, mit dem anderen die Rückenlehne; der andere Cherubim bildete mit einem Flügel die zweite Seite, mit dem anderen den Sitz. Wer unbefugt das Allerheiligste betrat, wurde durch den Anblick der Cherubim getötet.

Es ist deutlich, daß hier im Bild die Quelle erscheint, aus der Moses seine Intentionen empfing.

Wer einen erfahrenen Mann beobachtet, der das Einrichten eines Bauplatzes überwacht, der spürt in dem Ordnungs- und Kräftewillen, der in ihm lebt, Quellen von der Art, die eben beschrieben wurden. Dabei ist sicher, daß die Angaben zugleich solche eines Maßes waren, das unabhängig von Material oder Bauweise bestand. Denn die gleichen Angaben dienten zunächst zum Bau des beweglichen Tempels in der Wüste, später jedoch zum Bau des Tempels Salomons. Es wurde in jüngster Zeit sogar für möglich gehalten, daß die Gotik von diesen Maßkenntnissen beeinflußt wurde.

Dieses Arbeitsgesetz entsteht durch gedachte und empfundene Ursachen. Es reicht in der Folge tief in die Willensstruktur der beteiligten Menschen. Bei modernen Arbeitsweisen werden aber zunehmend Gedankenelemente bestimmend, denen der Wille des tätigen Menschen folgen muß. Das geschieht zum Nachteil der Arbeit, deren tiefste Quellen in der Willensnatur liegen. Es werden Einteilungen getroffen, die frei sind von der Würde und der Gestalt der alten Ordnungen. Im seelischen Bereich zeigt sich, daß das Alte zugleich mit subjektiven Zutaten beladen war, die die Schicksalsverbindungen, welche durch die Arbeit entstanden, weitgehend an die Vergangenheit banden. Das wiederum ist bei neuen Fabrikationsprozessen nicht der Fall. Sie machen frei von alten Bindungen und weisen in die Zukunft. So wird neues Schicksal eingeleitet. Es hängt von uns ab, von welcher Art es sein wird.

Der Arbeitsablauf – seelisch betrachtet

Beim alten Handwerk herrschte ein freudiges Selbsterleben im Tun und am fertigen Werkstück. Der Meister stellte im Stück sich selbst dar. Er erlebte im Produkt das eigene Dasein innerhalb der Handwerksgesetze, und er projizierte dies nach außen in der Form seiner Arbeiten.

Die Gestaltung der Chorgestühle, der Möbel, der Werkzeuge zeigen dies Überwölbende der Formen, das bezeichnend ist für das Selbsterleben des Gestaltenden. Das sind Kräfte der Vergangenheit, die entsprechendes Schicksal nach sich ziehen.

Bei modernen Fabrikationsprozessen muß der Arbeitende auf dieses Selbsterleben verzichten. Rudolf Steiner spricht in seinem Vortragszyklus *Das Karma des Berufes des Menschen* (GA 172) von der seelischen Keuschheit des Fließbandarbeiters, der auf die Freude am Tun verzichten muß. Dieser Verzicht wirkt zukunftsbildend.

Trotz dieses Verzichts zur Selbstdarstellung kann Arbeit auch Freude machen. Denn vieles gehört in den Bereich der Seele: Verzicht, Freude und Zufriedenheit, ein Tagewerk vollbracht zu haben.

Der Arbeitsablauf und der Lebensbereich des Menschen

Der Arbeitsablauf und das Lebendige im Menschen begegnen dem Lebendigen in Gesetz und Ordnung. Man kann sagen, daß die eigentliche Heimat dieses Gesetzes der Bereich des Lebens ist. Die Lebensprozesse des tätigen Menschen schwingen zusammen mit den Arbeitsgesetzen. Der Rhythmus von Puls und Atem paßt sich den Rhythmen an, die in der Werkhalle sind.

Motoren und Maschinenbewegungen beeinflussen die Rhythmen der arbeitenden Menschen. Es ist eine noch wenig gesehene Aufgabe, solche Maschinenrhythmen an die der Menschen anzupassen und nicht umgekehrt zu verfahren. Es ist sicher, daß Menschen beeinträchtigt werden von Rhythmen, die dem menschlichen Organismus fremd sind.

In überschaubaren Bereichen werden diese Prozesse durch die Persönlichkeit des Werkmeisters bestimmt. Er gibt die Ordnungen in Raum und Zeit an. Und trotz der Gegebenheiten des Materials wirkt der Meister durch seine subjektive Art in seinem Bereich. Es ist gut, wenn diesem Individuellen des Menschen genügend Raum gegeben wird, denn gerade darüber entstehen in einem Betrieb Atmosphäre, Kameradschaftlichkeit, Treue zum Betrieb und zur Aufgabe. Ist ein einzelner Mitarbeiter unzufrieden mit einer bestimmten Atmosphäre, sollte man ihn wechseln lassen, aber nicht uniforme Verhältnisse schaffen.

Wichtig ist auch die Arbeitsdauer. Der Anfänger wird nur allmählich in sie hineinfinden. Spiel und Hobby verlangen nach häufiger Abwechslung – die Arbeit zwingt zu stetigem Tun. Zur Teilarbeit z.B. gehören das Gleichmaß der Bewegung und die Anstrengung. Eine große, manchmal unüberschaubar große Menge muß bearbeitet werden. Der Tätige muß sich auf eine lange Wanderung einstellen und in der ständigen Wiederkehr Genüge finden. So schwer das zunächst fällt, so sicher ist, daß es den Tätigen formt und kräftigt.

Es gibt den Arbeitswechsel. Dieser befreit von einem Zwang, macht neue Kräfte frei, ermuntert, erfrischt. Auf neue Tätigkeit geht man fröhlich zu und arbeitet mit neuem Schwung. Je nach Temperament wird man in dem einen oder dem anderen Bereich zufriedener sein.

Der Arbeitsablauf und das Leibliche des Menschen

Alle genannten Beziehungen wirken bis in das Leibliche des arbeitenden Menschen. Natürlich werden die Muskeln beansprucht, aber das Arbeitsgesetz wirkt in die feinen Zusammenhänge des Körpers hinein. Das gleiche wurde schon von der Wirkung des Materials gesagt – es stimmt aber auch für das Arbeitsgesetz. Man muß die spezifischen Wirkungen unterscheiden lernen, indem man den Blick für die Besonderheiten schärft.

Die Stetigkeit des Arbeitsgesetzes macht sich im Gang des Menschen bemerkbar, in seinem Händedruck. Die Stellung des Menschen im Gesetz, seine individuelle Stellung, drückt sich in seiner moralischen Haltung aus. Im alten Handwerk, bis in manch moderne Produktion hinein, war man davon durchdrungen, daß nur ein aufrechter Mann ein guter Handwerker sein konnte, daß ein Schelm das Handwerk nicht vollständig, nicht wirklich zufriedenstellend in sich tragen könne.

Alle Pädagogen und Therapeuten, die durch Arbeiten wirken wollen, müssen bedenken, daß sie im Arbeitsgesetz ein Mittel an der Hand haben, das ungewöhnlich stark wirkt. Die Ausgestaltung der Werkstatt, die Ordnung der Werkzeuge und Geräte, die Sauberkeit, die Behandlung von Material und Gerät, der Arbeitsablauf, die Pausen: alles zusammen sind Mittel, die helfen und heilen können, die aber auch ins Gegenteil verkehrt werden können. Gewöhnlich werden diese Werte als dazugehörend betrachtet, die keinen eigenen Raum haben. Es ist aber wesentlich, diesen Raum als eigenes Medium zu erkennen und zu handhaben.

Moralische Haltung wird zum Tun; das Tun des Menschen wird zur moralischen Haltung.

Die Arbeitsgeste – geistig betrachtet

In der Gliedmaßentätigkeit lebt eigene Weisheit. Wenn man einem Arbeitenden zuschaut und seine Bewegungen verfolgt, kann man sehen, daß sie aus Elementen bestehen, denen man eigene Ordnungsprinzipien zuschreiben muß.

Arbeitsgesten sind in sich geschlossene Einheiten, die der Lehrling durch eine der Nachahmung ähnliche Kraft erlernt. Man erwirbt sie sicher nicht durch begriffliches Erklären und Verstehen! Durch solche Hinweise erkennt man zwar Arbeitszusammenhänge, eine Geste jedoch ist so eigenständig wie der Strich eines Geigenbogens, der – ganz für sich betrachtet – reine Geste und keineswegs Musik ist. Zwar wird ohne diese Geste keine Musik erreicht, und die Geste ist beim Entstehen des Kunstwerks unmittelbar beteiligt, aber sie ist und bleibt ein eigener Bereich. Ebenso die Arbeitsgeste. Sie ist ein Medium, das der Arbeitende erlernt, dann benützt. Aber sie ist nicht das, was man Arbeit nennt, und schon gar nicht das Produkt. Die Geste gehört dem Körper des Menschen an, wird aus diesem entwikkelt. Durch Geschicklichkeit taucht der Lernende in ein Reich, das erworben werden kann, aber in sich eigenständig ist. Der Mensch ist hier Nutznießer, nicht Eigentümer.

Handwerker erkannten einander an der Geste. Früher, als man während seiner Gesellenzeit noch auf Wanderschaft ging, kam es vor, daß hungrige Gesellen vorgaben, Metzger zu sein. Der Meister ließ sie dann eine Scheibe Wurst schneiden – an dieser Bewegung erkannte er den Betrug sofort. Der Schmied ließ einen Burschen, der sich für einen Schmied ausgab, einen Draht auf dem Amboß richten. So wie ein Schmied kann dies kein anderer Handwerker.

Die Arbeitsgeste – seelisch betrachtet

Im Ausführen einer Geste schwingt im Körper immer ein seelisches Element als Selbsterleben des Tätigen mit. Dieses Selbsterleben ist nur ganz wenig gefärbt von dem freudigen Selbsterleben des Meisters, das sich in den Formen der Produkte ausdrückt. Dazu ist es zu wenig bewußt. Die Geste wird ständig von Sinneswahrnehmungen begleitet. Die wachen Sinne kontrollieren das Geschehen, aber auch die unbewußten Sinne sind stark beteiligt. Gleichgewichtssinn, Lebenssinn, Bewegungssinn sprechen mit. Bei Arbeitsweisen ist der Geschmackssinn häufig beteiligt, worauf wir bereits hingewiesen haben. Der Mund bewegt sich, Speichel wird gebildet und geschluckt. Der Mensch als Ganzer ist beteiligt. Das dokumentiert sich im Fühlensbereich so, daß bei gelungener Geste Befriedigung herrscht, die an das Arbeiten erinnert; wenn sie bei einem selbst oder bei anderen mißlingt, stellt sich Unbehagen ein, das bis zum Gefühl des Krankseins gesteigert sein kann.

Bei modernen Arbeitsweisen ist die Geste häufig reduziert auf Bewegungen, die den Namen «Geste» nicht verdienen. Arbeitsgesten haben sich vom Produkt entfremdet. Einen Knopf drücken kann man kaum noch als Geste bezeichnen.

Wo Arbeitsgesten vom Menschen bestimmt sind, sieht man ihnen den Bezug zum Material, zum Einsatz der Kräfte, zur Geschicklichkeit an. Es wäre zu wünschen, daß in Zukunft Maschinen so eingerichtet würden, daß komplexe Gesten zum Bedienen nötig wären, die zum Arbeitsgeschehen in Beziehung stehen.

An einzelnen Stellen wurden bereits solche Wege beschritten: Die Bremse des Autos geht viel schwerer, als erforderlich wäre, weil der bremsende Mensch gern große Kräfte einsetzt. Beine sind sehr kräftig, und in einer prekären Verkehrslage neigt der Mensch dazu, mit Nachdruck auf die Bremse zu treten. Das gleiche gilt aber auch für andere Gelegenheiten, sich zu betätigen.

Die Arbeitsgeste und das Leben

Die Geste ist habituell, das heißt, sie wird ganz unbewußt gehandhabt. Sie ist so selbstverständlich wie Radfahren oder Schwimmen, das man nie verlernt. Zugleich mit der Geste zieht etwas ein in den Menschen, was das Selbsterleben wesentlich beeinflußt. Die Geste steht in einem ähnlichen Verhältnis zum Menschen wie etwas so tief Gelerntes, das man «im Schlaf» kann. Das kleine Einmaleins oder ähnliche Kenntnisse gehören dazu. Erlernte Gesten bereichern den Menschen, gestalten Strukturen im Lebensbereich: Es ist denkbar, daß die vielen Generationen von Handwerkern einen Schatz an Lebensformen geschaffen haben, der heute im freien Denken verfügbar ist.

Gesten passen sich an. Es gibt feststehende Gesten; es gibt aber auch Gesten, die variabel sind. Letztere findet man in vielen Dienstleistungsberufen. Sie bilden hier die Grundlage für ein reiches Arbeitsleben. Sie haben Eigenart im Lebensbereich, aber auch im Seelischen und im Geistigen. Sie können durchaus individuellen Charakter haben und einen Formenreichtum, der anderswo nicht erreicht werden kann.

Die Arbeitsgeste gehört dem Menschen so sehr an, daß sie ihm «auf den Leib geschrieben» erscheint. Durch die Geste schreibt der Mensch sich ins Dasein ein. Sie kehrt in verschiedener Gestalt wieder: Ein Metallarbeiter bildet im Laufe der Zeit eine andere Gestik aus als ein Holzarbeiter. Das geschieht allerdings im Zusammenhang mit den Elementen, die dem Material und dem Arbeitsablauf zuzurechnen sind.

Es gibt Gesten, die das Oben–Unten im Menschen betonen. Andere zeigen das Vorne-Hinten besonders: Beim Sägen wird es deutlich. Wieder andere schwingen im Rechts-Links und zugleich in der Waagerechten. Schließlich haben die meisten Gesten einen Bezug zum Rhythmus: Viele Arbeiten werden in rhythmischer Schlagfolge ausgeübt. Das ist sehr deutlich beim Weben am Webstuhl zu beobachten; das Schiffchen bewegt sich rhythmisch hin und her.

Mensch und Produkt

Raumformen sind zur Ruhe gekommene Bewegungen. Holz und Blatt zeigen in ihrer Struktur Wachstumsbewegungen. Steine verraten in der Struktur Entstehungsmerkmale. Alle Naturformen weisen über das jeweilige Ding hinaus.

Vom Menschen geschaffene Formen sind immer als solche zu erkennen, sind Kulturformen. Sie zeigen Formen ganz eigener Qualität. Es gibt Formen, die der Natur sehr nahe stehen: geflochtene Körbe, geformtes Brot, die Heuhaufen. Andere nehmen eine Mittelstellung ein – wieder andere zeigen in der Formgebung reine Denkbewegung.

Die letzteren sind für Naturwesen so fremd, daß sie sie nicht in ihren Erfahrungsumkreis einordnen können. Es ist für sie, als ob sie nicht vorhanden seien.

Zum Beispiel ist es unmöglich, daß Katzen, die am besten orientierten Tiere unserer Umwelt, unter einen Pferdewagen kommen – aber Autos können sie nicht einschätzen, weder in der Erscheinung noch in der Wirkung.

Die Formen menschlichen, abstrakten Denkens sind eine Welt für sich, ganz fern der geschaffenen Natur. Es ist diesem Denken gelungen, die Bedingungen des Materials so weit zu erforschen, daß sie ganz in die Denkbewegung eingehen konnten. Die Maschine ist in ihrer Struktur und Formgebung Bild des menschlichen Denkens.

Der Mensch braucht Nahrung, Kleidung, Behausung, um überleben zu können. Zu diesen Grundbedürfnissen des Daseins treten mannigfache Zusatzbedürfnisse, die die jeweilige Zeit den Menschen bietet. Auch sie müssen befriedigt werden, denn man kann ohne sie nicht Zeitgenosse sein.

Hier können vielleicht aber auch Einwände kommen. Braucht man tatsächlich einen Zweitwagen und mehrere Fernseher? Überschlägt sich die Konsumsucht der Menschen nicht? Sind wir nicht wie die Menschen im Schlaraffenland, die gar nicht all das essen und verdauen können, was an Köstlichkeiten um sie herum ist? Das Bild ist recht zutreffend, denn man kann sehr wohl sämtliche Produkte und Dienstleistungen unter dem Gesichtspunkt einer erweiterten Ernährung verstehen. Leider sind die Folgen des Überkonsums nicht wie die einer Verdauungsstörung, die tüchtig schmerzt. Gäbe es sie, dann dürfte man sicher sein, daß wir uns längst zum Verzicht auf Konsum bequemt hätten. Hier kann nur die Einsicht helfen, nach der der einzelne auf Dinge verzichtet, die er haben könnte, aber eigentlich nicht braucht.

Das widerspricht jedoch nicht dem zuerst geäußerten Gedanken, daß man als moderner Mensch an den Dingen seiner Zeit teilhaben muß. Wenn es gegenwärtiges Schicksal ist, zuviel Güter zu haben, wird die freie Auswahl zur Aufgabe der Zeit gehören – aber es ist eben eine freie Aufgabe.

Der Produzent ermöglicht den Menschen seiner Zeit das Leben, das dieser Zeit entspricht.

Die Idee zu einem Produkt gewinnt der Mensch durch die Beobachtung des Marktes und die Verbindung von Kenntnissen, Fähigkeiten und bestimmten Produktionsmöglichkeiten. Die Idee ist aber mehr als die Summe dieser Komponenten. Sie ist ein Kind des Geistes.

Wie kann ein Material so sprechen, daß es im Produkt in reiner Form hervortritt? Das Material hat, wie wir oben gesehen haben, zum Menschen einen Bezug – ja, das Material wartet gewissermaßen. Ein Baum ist ein Naturprodukt; wenn der Mensch das Holz so benutzt, daß es seinen Charakter nicht nur nicht verliert, sondern betont, dann ergänzt der Mensch das Naturprodukt mit Hilfe seiner Ideen und seiner Fachkenntnisse zu einem Kulturprodukt. Diese verwandelnde Kraft ist Licht und dem Wesen des Dinges, des Materials und des Menschen entsprechend, wenn sie mit einer dem Menschen dienenden Idee verbunden wird.

Das Produkt – geistig betrachtet

Zuerst gibt es die Konzeption, die Idee eines Produkts. Die Menschen, die ein Produkt erfinden, und diejenigen, die es gestalten, entwickeln ihre Ideen im Hinblick auf die Bedarfssituation des Marktes. Sie achten auf Form und Design, und sie bedenken Möglichkeiten einer Produktionsstätte. Entscheidend ist aber vor allem, daß die Ware gekauft wird.

Eine oft beobachtete Tatsache ist die folgende: Ein schöpferischer Mensch sieht die Möglichkeit eines neuen Produkts vor sich. Wenn äußere Umstände ihn hindern, diese zu verwirklichen, dann geschieht es, daß in kurzer Zeit ein anderer die gleiche Idee aufgreift – ohne daß die beiden Kontakt miteinander gehabt hätten.

Häufig ist es nicht nur einer, es sind gleich mehrere Erfinder, die weit entfernt voneinander leben können, welche ein Produkt entwikkeln. Die Geschichte der Erfindungen ist voll davon; es kommt aber auch in anderen Bereichen des Entdeckens, Entwickelns von Neuem vor.

Die Idee ist rein geistiger Art, auch da, wo wirtschaftliches Denken im Vordergrund zu sein scheint. Freilich gibt es Gutes und weniger Gutes im geistigen Bereich – aber es ist verfehlt zu unterstellen, ein egoistisches Gewinnstreben rücke die Gestaltungsidee auf eine andere Ebene als die geistige. Es ist eben dann ein niederes geistiges Niveau. Es geht also vom Gestalter zum Konsumenten ein geistiges Band. Der Konsument gebraucht im Produkt das Ergebnis des Geistes der anderen.

Ähnlich verhält es sich mit den Kräften des Arbeiters, die sich im Produkt niederschlagen. Er muß seinen Willen einsetzen, der aus den geistigen Quellen des Menschen gespeist wird. Ohne solchen Einsatz gäbe es bald keinerlei Produktion mehr.

Leider wird heute über allem Gewinn- und Leistungsdenken diese Grundtatsache übersehen. Gewiß denkt der Arbeiter beim Arbeiten auch an seine «Lohntüte» – aber denkt er dauernd daran und ausschließlich? Wendet er nicht auch immer wieder alle Gedanken und den ganzen Willen auf das vorliegende Werk? Gleich, wie die angebliche Motivation aussieht: Es ist eine Tatsache, daß die besten Kräfte eines Menschen in seine Arbeit fließen. Diese Kräfte übernimmt der Mensch, der eine Ware kauft. Dadurch kann er leben; ohne die Willensleistung der besten Kräfte der Mitmenschen würde jedermann körperlich und seelisch-geistig verhungern.

Im idealen Falle hat derjenige, der eine Ware gestaltet,

- eine reine Idee vom Material gefaßt, und es ist ihm gelungen, diese im Produkt zu verwirklichen
- den Arbeitsgang so konzipiert, daß Mensch und Tun zusammenschwingen
- den Konsumenten so erreicht, daß dieser das Produkt als das empfängt, was es ist: eine vor allem geistige Gabe, die in sich von lichtem Charakter ist.

  Und der Hersteller verschafft dem Mitarbeiter eine solche Rechtsstellung in seinem Betrieb,
- daß dessen Willens-, Denk- und Gefühlskräfte in das Werk fließen.

Oft ist das Produkt eine Selbstdarstellung der seelischen Haltung des Herstellers oder Erfinders. Das kann auf gute, aber auch auf peinliche Art deutlich werden.

Linienführung, Form- und Farbgebung, auch bei scheinbar sachlichen Anordnungen, sind immer von Seelischem begleitet. Der Gestaltende gibt Seelisches hinein, der Arbeitende geht damit um, der Verbraucher wird davon bestimmt. Das wirkt unabhängig davon, ob es bemerkt wird.

Wie es eine Graphologie gibt, so sollte eine Seelenkunde der Gestaltung entwickelt werden. Man würde bemerken, daß der seelische Habitus des Arbeitenden – Gelassenheit oder Anstrengung, Freude am Tun oder Leistungsdruck und vieles andere – sich in die Gestaltung seines Werkstückes einwebt. Das schlägt sich im Produkt nieder. Oft wird nicht bemerkt, wie sehr das zutrifft. Weder Hersteller noch Käufer achten darauf, ob diese Komponente berücksichtigt wurde.

Farben und Formen sind auch in ihrer Wirkung auf das Seelenleben reale Faktoren. Dieser Aspekt ist beispielsweise für den erzieherischen Bereich von Bedeutung. Kleine Kinder erleben die Farb- und Formwirkungen, ohne sich gegen Unangemessenes wehren zu können. Hat z. B. das Bild eines Raubtieres (auch in verniedlichter Form) etwas auf dem Kleiderstoff zu suchen? Wozu Blumen auf einem Kleid, das im Garten getragen wird? Rote Farbe ist aggressiv – beachtet das jeder, der ein rotes Kleid trägt?

Oder der Bereich des Spielzeugs: Viele Spielzeuge wirken im seelischen Raum schädlich. Aber man merkt nicht, was man den Kindern antut. Wer wünscht sich etwa ein Kind mit grotesken Seelenwegen? Dennoch schenkt man grotesk aussehende Tiere und Tierbilder. Wer wünscht sich nicht, daß sein Kind später einmal unabhängig denken können soll – er schenkt aber Naturnachahmungen, die der Denkentwicklung keinen Raum mehr lassen.

Die Phantasie des Kindes ist Grundlage späteren Denkens, ganz sicher des schöpferischen Denkens. Unsere Kinderzimmer aber sind voll von Spielsachen, die die Phantasie einengen. Ein innerlich reiches Kind wird einem Gegenstand einmal die eine, dann eine andere Bedeutung unterlegen. Spielzeuge müssen so gemacht sein, daß das möglich ist – sonst ist die seelische Bedeutung des Produkts sträflich vernachlässigt.

Was hier für das Kind und sein Spielzeug gesagt wurde, kann auf andere Produktgestaltungen übertragen werden. Gestalt oder Form und Wesen sollten übereinstimmen. Einem schnellen Fahrzeug sollte man die Geschwindigkeit ansehen. Aber ein langsames Moped sollte nicht so aussehen, als ob es rasch wie ein Motorrad sei.

Im besten Fall zeigt die Form eines Produkts ein Zusammenspiel von Material, Funktion und Gebrauchswert. Mit letzterem sind so schwer wägbare Unterschiede gemeint wie etwa der Unterschied zwischen einer Kaffee- und einer Teetasse. Kaffee und Tee sind beides Getränke, beide fließen gleich aus der Tasse, werden aber ganz verschieden erlebt. So müssen Teetassen eine andere Form haben als Kaffeetassen oder beispielsweise auch Weingläser eine andere als Biergläser und so fort. Tatsächlich sind die Trinkgesten auch verschieden.

Das Produkt und das Leben

Ware dient dem Leben und umgibt den Menschen in allen Bereichen des Lebens. Aus der physischen Nahrung, die eine Sonderform der Ware ist, zieht er Lebenskraft, aber auch aus anderen Produkten. Ein neues Kleid erhöht das Lebensgefühl beträchtlich, ja, es kann einen Wert darstellen, den der Mensch ohne es nicht erreicht haben würde.

Alles Schöne – aus Seelischem entstanden – hebt die Lebenskraft des Verbrauchers; das nur Zweckmäßige zehrt sie aus. Wer als Produzent nur an Gewinn denkt, wird den Kunden nicht auf die Dauer erreichen. Und wer beim Kaufen nur an den Zweck denkt, wird ein leeres Leben führen.

Wir kaufen, was wir brauchen. Die Ware ermöglicht uns, das Leben eines Menschen unserer Zeit zu führen. In die Ware und in die Dienstleistungen fließt ein, was der Mitmensch an inneren Kräften hineingegeben hat. Es sei erlaubt, einmal von der physischen Substanz aller Waren abzusehen und nur auf das zu schauen, was die gestaltenden und arbeitenden Menschen an inneren Kräften in ihr

Werk haben einfließen lassen. Diese Kräfte – global gedacht – sind der Nahrungsstrom, der uns dazu verhilft, in unserer Zeit auf der Erde Mensch sein zu können. Ein Geldschein in meiner Hand ist nichts weiter als ein Rechtsanspruch auf eine Menge solcher Kräfte anderer Menschen.

12.
Wesensglieder und Arbeit

Es wurden in den Ausführungen des vorangegangenen Kapitels Unterscheidungen eingeführt, die eine methodische Gliederung gestatten. Es wurden Stufen unterschieden, die

- auf das Leibliche wirken
- auf das Leben bezogen sind
- auf die Seele wirken
- auf die Persönlichkeit wirken.

Diese Einteilung bedarf weiterer Erläuterungen. Das wird im folgenden versucht – jedoch immer im Zusammenhang mit den Phänomenen der Arbeit, die hier interessieren.

Bei jeder Arbeit spielen viele Kräfte zusammen. Um die eine oder andere Kraft noch etwas deutlicher zu machen, werden zwar Unterscheidungen getroffen, die aber fast nie eindeutig sein können. Es werden jeweils vorherrschende Züge angesprochen.

Der Umgang mit Material und Hilfsmitteln stellt *seelische* Bezüge her. Die Arbeit als Dienstleistung, dem Mitmenschen direkt zugewendet, stellt vorwiegend Anforderungen an die Persönlichkeit, an das *Ich* des Menschen. Die Hingabe an eine Arbeitsaufgabe schlechthin fördert die Ich-Kräfte; das gilt ganz besonders für Fließbandarbeit, die im seelischen Raum gar keine Befriedigung gewährt. Das Arbeiten mit Stein, Ton oder im Garten mit der Erde beansprucht dagegen die *Lebenskräfte*; es beansprucht sie und schenkt sie zugleich. Diese wohltuende Wechselwirkung ist den meisten ausgewogenen Arbeiten eigen. Und schließlich: Alle handwerkliche Arbeit gestaltet und wirkt in der Materie. Diese tritt in so tiefen Bezug zum Arbeiter, daß nach längerer Zeit des Umgangs mit einem bestimmten Material – auf dem Weg über die anderen Wesensglieder des Menschen – sogar seine *Physis* geändert wird. Das trifft für das Grundmaterial zu, aber auch für die Substanz der wesentlichen Hilfsmittel und Werkzeuge. Der Körper paßt sich an – er übernimmt Wesenszüge der Stoffe, mit denen der Mensch umgeht.

Material wird zunächst mit den wachen Sinnen wahrgenommen, aber auch – und je länger man arbeitet, um so mehr – mit tieferliegenden Organen, die im Unbewußten bleiben. Der Eigenbewegungssinn, der Lebenssinn, der Gleichgewichtssinn gehören dazu. Die Eigenart, die Besonderheit des Materials, mit dem umgegangen wird, zieht in diese Orientierungsorgane ein. Und ohne daß man dies bewußt erfassen kann, spricht sich diese Tatsache in allem aus, was das Wesen des Menschen ist. Man ist «in der Wolle gefärbt».

So ist es etwa ein eigentümliches Bild, einen Maurer in einer Schreinerei zu erleben. Er fühlt sich fremd wie ein Huhn schwimmenden Enten gegenüber. Er ist sich seiner eigenen Ordnung und Orientierung bewußt, er findet sie hier aber nicht vor.

Diese Orientiertheit läßt Härten ertragen, die anders unzumutbar wären. Junge Zimmerleute müssen Lasten tragen, von denen jedermann sicher wäre, daß man sie nicht heben kann. Rückenbrechende Gewichte! Maurer müssen in strahlender Sonnenhitze und in schlimmer Kälte auf dem Bau aushalten; die Jungen schwitzen und frieren, daß es einen erbarmen muß.

Der Körper stellt sich auf diese Forderungen ein und leistet schließlich mehr, als möglich erscheint. Wir sind von diesen Phänomenen umgeben und bemerken sie kaum. Sie sind aber sehr real für die, die es angeht.

Material-Erleben hängt mit dem Schmecken zusammen. Viele Handwerker oder Bauern nehmen immer wieder von dem Material, mit dem sie umgehen, in den Mund. Schließlich ist es dem Arbeitsmann so zum Eigenreflex geworden, wie der «Geschmack» es ist. Das Material steht – wie die Nahrungsaufnahme – in unmittelbarem Bezug zum Leib, es gehört dazu, man verlangt danach, man braucht es.

Es zeigt sich aber, daß in unserer Zeit junge Leute diese Prägung ablehnen. Sie empfinden sie als Einschränkung der eigenen, inneren Freiheit. Darum erlernen sie oft einen zweiten Beruf nach einem ersten und in der Regel so, daß der zweite recht weit vom ersten entfernt liegt. Es werden also entgegengesetzte Berufserfahrungen gesucht, so daß der Mensch vielfältige Beziehungen aufbauen kann zu verschiedenen Lebensfragen.

Das Lebendige und Arbeit

Zum Leben gehört das Wasser. Und wie das Wasser ständig Formen annimmt, so nimmt der Lebensbereich des Menschen ständig Formen an: Gewohnheiten, Erfahrungen, Erlerntes, Kenntnisse, Fähigkeiten, Ordnungen, Gebräuche, Sitten.

Hierher gehört alles, was man tut, ohne nachzudenken. Alles, was man wie im Schlaf kann, was man rascher tut, als es denkend möglich wäre, gehört in den Bereich des Lebendigen. Wird hier etwas gestört, dann tut es weh. Handelt jemand gegen eine Erfahrung, gegen eine Gewohnheit, dann schmerzt es, und meistens reagiert er auch wie ein Verletzter.

Wer derartiges erlebt, ohne die gleiche Gewohnheit zu haben, steht der Reaktion erstaunt gegenüber. Viele Schwierigkeiten der jungen Generation mit der alten beruhen darauf, daß die jungen Menschen andere Gewohnheiten annehmen, als die Älteren sie haben. Ein zusätzliches Problem ist, daß man auf dieser Ebene mit Erklärungen nichts erreicht. Wenn es weh tut, reagiert man spontan und emotional.

Es gibt so etwas wie eine Handschrift im handwerklichen Tun. Jeder Fachmann hat seine eigene Art, sein Werkzeug anzusetzen, einen Hammerschlag zu führen. Man kann die Arbeit bestimmter Leute an solchen Zeichen, auch am Werkstück, erkennen.

Es gibt sie im Faden von gesponnenem Material. Ebenso im Gewebe. Es gibt sie beim Schnitzen oder Steinhauen von Schrift. Es können nicht zwei Männer – auch nicht tüchtige – am selben Schriftsatz hauen. Das gleiche gilt für Gärtner, die eine Rasenfläche von Hand ebnen: Man erkennt, wo der eine und wo der andere arbeitete. Diese Handschrift gehört in den Bereich des Lebens und zeugt von ihm. Wir sollten uns bewußt sein, daß wir Menschen solche Zeichen brauchen! Wir suchen sie im Kunsthandwerk, in schönen Dingen, mit denen wir uns umgeben.

In allen Dienstleistungen spielen solche Zeichen eine Rolle: Man lasse zehn Menschen je einen Kuchen nach dem gleichen Rezept backen. Jeder Kuchen schmeckt etwas anders – je nachdem, wer ihn gebacken hat.

Bei vielen Arbeiten mit modernen Produktionsmethoden kann

diese Quelle nicht mehr fließen. Für den Tätigen ist es nicht leicht, darauf zu verzichten, denn sein Tun wird anonym, er erkennt es nicht mehr als sein Werk. Dieser Verzicht geht durch die ganze moderne Wirtschaft und muß als positive Qualität gesehen werden, sosehr auf der anderen Seite zu bedauern ist, was verlorenging. Jemand, der nicht bereit oder in der Lage ist, so zu arbeiten, sollte vielleicht eher einen Dienstleistungsberuf ergreifen.

In sogenannten Entwicklungsländern, wo der Schritt in das moderne Leben nicht auf einmal bewältigt werden kann, wäre es sinnvoll, zunächst Kleineinheiten von Wirtschaftsbetrieben zu schaffen mit Ausstattungen, die noch eine Handschrift der Arbeitenden ermöglichen. Um einen Absatzmarkt bräuchte man nicht zu fürchten. Die Industrienationen werden zunehmend «Hunger» haben nach solchen Produkten.

Was man lernt, muß man vergessen, um es zu können. Erst wenn man etwas vergißt und im entscheidenden Augenblick trotzdem zur Verfügung hat, wird Erlerntes zur Fähigkeit.

Arbeitsrhythmen und Arbeitsabläufe werden auf der gleichen Ebene erlebt und vollzogen. Sie laufen durchaus ohne Bewußtsein ab. Man steckt darinnen, ohne es zu merken; man kann sich einem Rhythmus nicht entziehen. Um so wichtiger ist es daher, daß Rhythmen und Abläufe menschengemäß gestaltet werden. Der Autofahrer beispielsweise reagiert auf ein Hindernis rascher, als er denken kann. Er hat gebremst, ehe er es merkt. Tatsächlich dauert die «Schrecksekunde» eine bis zweieinhalb Sekunden. In dieser Zeit ist man ein beträchtliches Stück gefahren. Es gäbe sehr viel mehr Unglücke auf der Straße, wenn jeder erst nach einem Denkvorgang handeln würde. Das gleiche gilt für das Bedienen von Maschinen und Arbeitsgeräten. Man merkt deutlich den Unterschied, wenn ein Neuling an die Stelle eines Erfahrenen tritt. Der Neuling reagiert noch nicht spontan.

Kinder haben Lebenszuversicht – Jugendliche stellen sie in Frage und erleben in diesem Zusammenhang schwere Stürme. Sie suchen Wege zur Lebensbejahung. Es ist gut zu wissen, daß dieses Thema zwar über das Bewußtsein angesprochen und diskutiert werden kann, daß aber die eigentliche Heimat der Lebensbejahung die hier besprochene Ebene des Lebendigen, des ständig sich Formenden ist. Deshalb ist es so wichtig, jungen Menschen gute Gewohnheiten nahezubringen und sie im Bereich der Lebenskräfte an Weite heranzuführen. Dem Leben dienen bringt Weite und Weltbezug.

Dazu gehört unmittelbar das Miteinander der Menschen. Lebenszuversicht und Ordnungen im Miteinander gewinnt man nicht aus sich, nur im Zusammenhang mit anderen Menschen. Einsamkeit ist der Feind der Lebenskräfte; der Hypochonder wird mit Sicherheit schwach und krank werden.

Jeder Mensch lebt im Lebensraum der anderen. Wir treten in jeder Begegnung, bei jedem Gespräch in den Raum des anderen ein. Das Arbeiten für andere ist eine Form dieses Miteinanders.

Der andere muß dies ertragen, sonst kann Gemeinschaft nicht geschehen. Es findet ein gegenseitiges Hineingehen und Freilassen statt. Beides geschieht ständig, ist Lebensgrundlage und weder gut noch schlecht. Wenn ich zu weit in des anderen Raum eintrete – durch Egoismus, Frechheit oder Gedankenlosigkeit –, verletze ich ihn. Lasse ich ihn freier, als er beansprucht, gebe ich mehr, als er fordert, dann geschieht Gutes. In ganz feinen Schwingungen geschieht das ständig und wird doch nicht beachtet. Das ist Leben.

Eine überspitzte Formulierung macht deutlich, welche Tendenzen in den Bewegungen liegen. Der eine gibt über die Arbeit dem Material einen Teil seines Wesens mit – damit andere leben können. Der andere nimmt im Produkt diesen Wesensteil des Arbeitenden in sich auf – und kann deshalb Mensch sein. Alles Geschaffene ist geworden durch diese Kräfte und trägt ihre Prägung. Nur rein aus der Maschine Geschaffenes verliert diese Lebendigkeit und sättigt, ohne zu nähren.

Der Seelenraum der Arbeit

Zum Seelenraum der Arbeit gehören Luft und Klang. Jeder Mensch hat einen solchen Raum um sich, gestaltet nach den Kräften seiner Persönlichkeit. Er kann reich gegliedert oder mit wenigen, kräftigen Farben ausgestattet sein. Kinder suchen diesen Seelenraum beim Erwachsenen. Sie spüren ihn, gehen wahrnehmend in ihn hinein, trinken ihn mit allen Sinnen.

Welche Schätze beispielsweise sind im Schrank der Großmutter oder der Tante! Welche Bedeutung gewinnen die Knopfdosen oder die Sammelschublade für die Kleinen! Wie glücklich sind sie, dort kramen zu dürfen! Und erst die Dose, in der die guten Sachen sind: Sie schmecken besser als daheim. Im Genuß der Süßigkeit schwingen Bedeutungen mit, die mit den Menschen zusammenhängen – und darauf ist das ganze Sinnen gerichtet.

Alle Lebensäußerungen der Menschen sind seelisch gefärbt; davon wird auch ein sachlich scheinender Produktionsbetrieb geprägt. Die Atmosphäre einer Werkstatt wird von der Art bestimmt, wie Vorgesetzte sorgen, wie alle, die dort arbeiten, zueinander stehen, wie sie sich gegenseitig wahrnehmen.

Selbstverständlich haben auch viele Produkte eine seelisch gefärbte Komponente, die in ihrer Bedeutung oft übersehen wird. Aber das wäre eine eigene Betrachtung wert; hier wird auf den Seelenbereich der arbeitenden Menschen geschaut. Gewöhnlich herrscht die Meinung vor, daß dies zum Privatleben und nicht in das Wirtschaftsleben gehöre. Damit macht man sich die Sache aber zu leicht und bemerkt nicht, daß Fleiß, Sorgsamkeit und Freundlichkeit seelische Eigenschaften sind, ohne die kein von Menschen bestimmter Organismus leben kann. Wenn man die Dinge nicht beachtet, heißt das nicht, daß sie nicht wirksam sind.

Alle seelischen Qualitäten haben zwei Pole, zwischen denen man den Weg finden muß. Es gibt den Fleiß – und dazugehörend den Übereifer auf der einen, die Faulheit auf der anderen Seite. Es gibt die Ordnung – und dazu die Pedanterie auf der einen, die Schlampigkeit auf der anderen Seite. Es gibt Stetigkeit – und Verkrampfung auf der einen, ungleichmäßiges Arbeiten auf der anderen Seite. Seelische Qualitäten im guten Sinne sind immer erzogen – entweder anerzogen oder selbst erzogen. Sie sind aber nie Zufall. Wer eine Werkstatt führt, muß wissen, daß diese Dinge nicht selbstverständlich mitgegeben werden, sondern daß daran gearbeitet werden muß.

Das Element der Persönlichkeit, insofern sie sich selbst ergreift, ist das Feuer, die von innen erzeugte Wärme. Wo ein Mensch mit Überzeugung hinter einer Sache steht, ist innere Wärme beteiligt. Wo er mit seinem Wesen beteiligt ist, ist Wärme beteiligt. Wo er für eine Überzeugung eintritt, geschieht es mit Feuer. Die Intention einer

Werkstattführung sollte diesen Charakter haben. Fehlt das Element, dann läuft die Arbeit aus Eigengesetzmäßigkeit, aber ohne innere Führung.

In zu großen Werken kann diese Führung nicht mehr tragen. Sie ist aber unerläßlich, wenn man Menschen innerlich motivieren will. Solches Feuer springt nur von Mensch zu Mensch über. Von Anordnungen oder Rundschreiben geht nicht genügend unmittelbare Wärme aus; das muß vom Menschen ausgehen. Deshalb werden Großbetriebe untergliedert in überschaubare Abteilungen, und mancher Konzern geht so weit, die Abteilungen selbständig wirtschaften und organisieren zu lassen. So kann die Wärme auch hier von Mensch zu Mensch überspringen. Es ist Liebe im Tun, Liebe zum Objekt, zum Material, zum Werkzeug. Es ist Liebe in der Art, wie ein Mann den Hobel nimmt, ihn führt, über das Holz streicht. Es ist Liebe zum Objekt in der Sachlichkeit, mit der die Krankenschwester handelt, der Lehrer unterrichtet, der Bauer sät, in der auch Mensch mit Mensch umgeht.

Es antworten Stoff und Gerät dem, der liebt. Ihm erschließt sich ein Weg, ihm fügt sich das Material, er findet Ideen der Gestaltung.

Es ist in den Dingen etwas, was zu dieser Liebe bereit ist, darauf wartet. Die Schöpfung wartet auf den Menschen. Der Mensch findet sich auf diesem Wege in den Dingen. Er gehört ihnen an, wie sie ihm angehören. Im Ringen um die Dinge findet er Wege zum Mitmenschen und zu sich in der Selbsterkenntnis. Er erfüllt sein Menschsein, indem er es in der Welt findet.

Ein solcher Duktus kann übertragen werden vom Arbeitsleiter über die Meister zu den Arbeitern. Dafür ist es aber unerläßlich, daß zwischen den einzelnen Stufen eindeutige Solidarität herrscht, und die kann nicht erzwungen werden. Wo anstatt der Überzeugung der Mitarbeiter Zwang aufgrund von Machtausübung eintritt, zeigt sich das Gegenteil von Wärme; dann wird ein Miteinander kalt.

Solche Kälte kommt gewöhnlich nicht zum Vorschein, jedenfalls nicht in dem Ausmaß, wie es durch unfreie Führung eigentlich geschehen müßte; denn ein heilendes Element wirkt ständig dagegen: Man kann nicht arbeiten ohne Selbstlosigkeit, ohne echtes Hingegebensein. Im Augenblick des Arbeitens verschwinden Egoismus und Kälte, man verbindet sich ohne Rückhalt mit dem Tun.

Es gehört zu den großen Unglücken unserer Zeit, daß diese Tatsache nicht gesehen wird, daß man die sozialen Verhältnisse nach äußerlichen, egoistischen Motiven einrichtet. Man bewertet praktisch ausschließlich die meßbare Leistung des Arbeitenden und übersieht dabei, wieviel Kostbareres er in sein Tun legt – etwas, das mit Leistung und nutzbarem Wert nicht erfaßt werden kann. Es ist Liebe zum anderen, durch die er sich selbst erfährt.

Diese Liebe ist gefährdet – wie alles, was der Mensch an Gutem trägt und entwickeln kann. Jede Stufe, auf der der Mensch sich befindet, kennt die ihr eigene Gefährdung, und je höher die Stufe, um so überwältigender das entsprechende Böse.

Die Liebe ist das Höchste, was Menschen einander geben können.

Alexander Solschenizyn beschreibt in seinem Roman *Ein Tag im Leben des Iwan Denissowitsch* einen Zwangsarbeiter in Sibirien, der unter schwierigen und erniedrigenden Umständen innere Freiheit im Arbeiten entwickelt. Er wird als Mensch entwürdigt, aber er handelt aus Liebe zum Tun. Iwan hält unter den widrigsten Umständen des Lebens in einem russischen Straflager die Würde des Menschseins hoch. Er hilft anderen Menschen, denen es schlechter geht als ihm selbst, er tritt für sie ein, nimmt ihnen etwas ab vom Arbeitssoll, ist aber im übrigen einer unter Tausenden, gar kein besonderer. Iwan muß mauern bei minus dreißig Grad Kälte. Der Kalkmörtel wird angemacht mit kochendem Wasser, damit die Mörtelmenge recht lange verarbeitet werden kann. Beides, das Erhitzen des Wassers und das Anmachen des Mörtels, sind schwierige Tätigkeiten und der fertige Mörtel entsprechend kostbar.

Jeder, der einmal Mauermörtel oder Speis von Hand gemischt hat, weiß, was schwere Arbeit ist. Der Rücken scheint zu brechen, so schwer sind die Geräte zu handhaben, aber ebenso hoch wird der fertige Speis eingeschätzt. Keinem Maurer wird es einfallen, solchen Speis nachlässig zu behandeln, und es ist selbstverständlich, daß man des Abends auch den letzten Rest vermauert. Ebenso handelt Iwan mit seinem Speis, den er zusammen mit seiner Arbeitsgruppe angemischt hat. Es ist noch ein Rest übrig, als die Kolonne antritt, um nach dem anstrengenden Arbeitstag ins Lager zurückzumarschieren.

Die Männer sind so müde, daß viele nicht mehr die Kraft haben, die zum Leben nötig ist. Sie schleppen sich dahin, und der Leser ahnt, daß sie nicht mehr lange durchhalten werden. Sie warten dumpf in der Reihe der anderen auf das Zeichen zum Abmarsch. Iwan mauert noch, er verarbeitet den Rest des Mörtels. Bald hat er es geschafft. Die anderen rufen, schimpfen, schreien. Die Wachen werden unruhig: Wehe dem, der auffällt. Iwan mauert. Schließlich ist der letzte Rest verbraucht. Iwan eilt in die Reihe der anderen, die sehr ärgerlich sind. Sie schimpfen laut. Er ordnet sich schweigend ein, die Kolonne marschiert ab.

Was ist geschehen? Jemand hat aus eigenem Antrieb eine Handlung getan, die ihn als freien Menschen kennzeichnet. Er hat gehandelt, wie es ein rechter Handwerker tut, der nichts vom kostbaren Material verkommen läßt. Die Liebe zum Material und Gerät gehört zu ihm. Ohne sie ist kein Handwerk zu denken.

Die Geschichte ist darum so eindringlich, weil sie Menschen in tiefer Erniedrigung zeigt – und einer unter ihnen handelt, wie nur ein verantwortlicher, ein selbst verantwortender Mensch handelt. Trotz der Erniedrigung, trotz Hunger und Bedrohung vergeudet er nichts, was Wert hat. Er handelt aus Liebe zum Tun.

Der Antrieb zum Handeln

Viele unserer Handlungen verfolgen einen bestimmten Gedanken, andere wiederum entstehen spontan und bleiben unbewußt (manche von den letzteren sollen im folgenden betrachtet und bewußtgemacht werden). Je spontaner eine Handlung ist, um so gedankenferner ist sie. Das sogenannte gedankenlose Tun springt hin und her und läßt sich für seine Beobachter nur schwer in Gedanken nachvollziehen.

Wenn Kinder aus dem Hause rennen, beginnen sie oft laut zu schreien. Unbändige Lebenslust spricht daraus. Aber sie können nicht sagen, warum sie so laut rufen. Oft sind es auch nicht erkennbare Worte, die da tönen, sondern ist eine geheimnisvolle Ursprache, die sich in die Erscheinung drängt. Auch Erwachsene handeln manchmal ähnlich – wenn sie auch nicht unbedingt so laut werden.

Man beobachte sich selbst beim Aufstehen am Morgen. Wenn man nicht ein sogenanntes «Stehaufmännchen» ist, liegt man eine Weile halbwach im Bett, weiß, daß man sich erheben sollte, und weiß auch, was von einem erwartet wird. Man schaut dem Vorgang gewissermaßen zu. Plötzlich sind die Beine aus dem Bett, und man weiß nicht, wie sie hinauskamen.

Ganz besonders deutlich erlebt das der Langschläfer, der zu lange im Bett bleibt und das Aufstehen hinauszögert. Die Gedanken sind schon bei den Ereignissen des Tages, der Leib liegt noch im Bett. Auch jetzt sind die Beine plötzlich draußen, er weiß nicht, wie er es zuwege brachte.

Man sieht, Denken und Tun sind zwei eigenständige Bereiche im Dasein des Menschen. Das Handeln bleibt weitgehend unbewußt, erst das Denken macht klar, was man tut und wie es geschieht. Darüber vergißt man leicht, daß das Tun, der Wille, eine mächtige Kraft ist, die wohl verdient, wahrgenommen zu werden – wir haben uns bereits in Kapitel 7 ausführlich mit ihr beschäftigt. Denken und Handeln sind also unabhängige Wesenselemente des Menschen.

In Lautenbach, einer Lebens- und Arbeitsgemeinschaft für sogenannte behinderte und nichtbehinderte erwachsene Menschen, lebt zum Beispiel ein Betreuter mit einer Spastik, der daher stark gehbehindert ist. Er braucht einen Stock, und auch dieser erlaubt nur ein mühseliges Gehen. Es kommt aber vor, daß der Betreffende eine lange Treppe hinabgehen soll und dies wie gewöhnlich nur sehr mühsam bewältigt: Plötzlich jedoch gerät er in schwindelerregende Bewegung. Die Beine wirbeln die Treppe hinab, er saust und kann sich unten gerade noch fangen. Hier setzt wieder das gewohnte mühsame Gehen ein.

Wenn man diesen Vorgang nachvollziehen will, ist Vorsicht anzuraten. Man selber kann auch eine Treppe hinuntersausen, das geht geschwind. Aber sobald man versucht zu beobachten, was die Beine dabei tun, gerät man ins Stolpern: Man bemerkt, daß Füße und Beine einem eigenen Gesetz folgen, wenn sie nur laufen dürfen. Wenn man etwa über unwegsames Gelände im Wald läuft, schätzen die Augen geschwind den Erdboden und den Baumstumpf ein, die Füße springen, finden Halt – und weiter geht es, ehe man es recht bedacht hat.

Die Füße und Beine leisten Erstaunliches. Sie suchen den Halt, stützen ab, passen sich den Gegebenheiten an. Sie stellen sich schräg nach der Seite, nach vorn oder hinten, je nach dem Boden und seiner Beschaffenheit. Das alles geht viel schneller, als man denken kann. Man sieht förmlich: Wille und Bewegung folgen eigenen Gesetzen, und die Gedanken und Vorstellungen sitzen diesem Geschehen nur auf wie ein Reiter dem Roß.

Wenn man Wille und Vorstellung so trennen muß, stellt sich die Frage nach dem Wesen des Willens und seinem Ursprung. Je genauer man beobachtet und je länger man es tut, um so häufiger erlebt man, wie sehr der Wille eigenen Gesetzen folgt und wie oft die Vorstellung zum Feind des Willens und seiner Macht wird.

Solange man instinktiv handelt und die Welt danach einrichtet, stört man die Willensfelder nur wenig. In unserer Zeit aber bedenkt man immer genauer alle Erscheinungen des Daseins und zerlegt sie in differenzierte Gedankengebilde. Solche Vorgänge können zutreffen, manchmal auch nicht oder nur wenig – sie unterscheiden sich vom lebendigen Geschehen dadurch, daß die Gedankengebilde alle einen unwirklichen Charakter haben. Diese mögen stimmen und die Vorgänge genau erfassen. Sie sind aber immer nur Bild des Lebens, nicht das Leben selber.

Will man das Leben in sich fassen, muß man eine Stufe tiefer steigen und Lebensprozesse selbst ergreifen. Das geht aber nicht in Bildern, sondern nur im Geschehen. Der Betrachter muß seine Beobachtungsstellung aufgeben und sich ins Beobachtete selbst hineinbegeben. Er muß identisch werden mit dem, was er erkennen will, muß aus ihm herausschauen, Teil des Prozesses werden. Dabei gehen ganz neuartige Erkenntnisse auf, und zugleich erfährt man eine Verwandlung des eigenen Wesens. Man erkennt soweit, wie die eigene innere Reife trägt. Das Feld des Willens aber wird zu einem Gebiet, das höchste Ehrfurcht hervorruft. Erkenntnis wird zum Gottesdienst.

Ein Arbeitsleiter unserer Tage, der seine Leute kennt – sagen wir ein Industriemeister in einer Fabrik –, weiß, was in einer Zeiteinheit geleistet werden muß. Er kann nun die Mitarbeiter anweisen, jedem seine Aufgabe geben und glauben, daß damit etwas erreicht ist. Er wird nur wenig Erfolg haben. Wenn er aber die einzelnen Leute anredet, mit ihnen spricht, ihnen seine Sorgen sagt und sie fragt, was sie davon übernehmen können, wird er erleben, daß seine Mitarbeiter aus freiem Willen mehr ergreifen, als er ihnen zugemutet hätte. Schon heute kann man kaum noch auf die erstgenannte Weise Arbeiten anleiten. Man muß mehr und mehr die andere Methode annehmen, wenn die Menschen folgen sollen. Zwischen Mitarbeitern und dem

Arbeitsleiter muß ein Vertrauensverhältnis herrschen. Der eine muß vom anderen wissen, daß man sich aufeinander verlassen kann – dann gelingt das Werk.

Geht man auf den Ursprung dieser Situation näher ein, so wird deutlich: Den Antrieb zum Handeln bringt man aus dem Schlaf mit. Morgens mit dem Aufstehen sieht man mehr oder weniger deutlich die Anforderungen des Tages vor Augen, und man geht wiederum mehr oder weniger froh darauf zu. Kann man seinen Teil so darbieten, daß er angenommen wird, und hat man das Gefühl, daß die eigene Leistung wahrgenommen wird, dann kann man zuversichtlich aufstehen und den Tag beginnen.

Auch während des Tages, bei einem besonderen Anspruch, geht es ähnlich. Wenn es heißt: «Wer übernimmt diese Aufgabe?», so meldet sich der, welcher gerne – aus seinen Wesenskräften heraus – an diese Anforderung herantritt.

Der Impuls zum Handeln kommt aus den Tiefen des Menschseins und ist dem Wesenskern ganz nahe. Er hat seinen Ort im Stoffwechsel-Gliedmaßen-Bereich und ist eben darum kaum bewußt. Und wenn ein Mensch genötigt wird, gegen seine eigene Intention zu handeln oder gar gegen seine Einsicht, dann breitet sich tiefer Unwille aus. Er ist wie gelähmt, und nur ganz wenig wird geleistet.

Man beobachte auch hier wieder sich selbst: Man sitzt mit mehreren anderen um einen Tisch. Plötzlich heißt es: Wer holt dieses oder jenes? Man springt auf, um es zu tun. Woher kommt der Impuls zum Aufspringen, zu dieser Bewegung?

Oder: Man hat einen schweren Gang vor sich. Man hat bedacht, was zu bedenken war, nun kommt der Weg selbst. Man hat sich zu erheben, es fällt schwer. Wo sitzt der Ort des Handelns im Körper? Im Herzen? Im Kopf? Oder im Stoffwechselbereich und den Gliedern? Wer genau beobachtet, wird sehen, was in alter Zeit gut bekannt war: Die Leber ist das Organ des Willens. Von dort gehen die Impulse des Handelns aus.

Rudolf Steiner legte sehr großen Wert darauf zu erläutern, daß der Antrieb zum Handeln mit dem tiefsten Inneren des Menschen zusammenhängt und daß seine Freiheit verletzt, wer ihn gegen seine eigene Intention zum Handeln nötigt. Er wollte die Arbeit so eingerichtet wissen, daß der Arbeitsleiter und sein Mitarbeiter vertraglich sichern, was der letztere zu tun übernimmt. Der Arbeitende soll nicht angewiesen werden, soll nicht, wie es im Arbeitsvertrag heißt, auf Anweisung arbeiten, sondern er soll aus freiem Entschluß tätig sein; er soll so viel arbeiten, wie er selber übernehmen möchte. Wer gegen dieses Gesetz verstößt, setzt alte Sklavenverhältnisse fort. Sklave ist der, der nicht aus eigenem Antrieb handeln darf, sondern nach dem des Vorgesetzten.

Es ist wesentlich, diesen Unterschied genau zu erfassen – einmal, um Menschen richtig anzusprechen, zum anderen aber auch, um den Teil in einem Werk richtig einzuschätzen, der durch eben diesen Freiraum entsteht.

Es würde kein Produkt entstehen, wenn nicht Menschen aus dem Tiefsten ihres Herzens daran beteiligt wären. Moderne Produktionsanlagen scheinen weitgehend ohne es auskommen zu können, denn Produktionsstraßen arbeiten ohne einen Menschen. Nur im Hintergrund steht jemand und überwacht die Funktionsabläufe. Aber alle Einzelheiten dieser komplizierten Anlage sind von Menschen ersonnen und funktionieren nur durch deren Einsatz. Das Planen, Bedenken und Konstruieren dieser Techniker hat die ganze Anlage in Bewegung gesetzt, und ganz gewiß wirken diese Menschen in der eben beschriebenen Weise. Auch im weiteren Verlauf des Arbeitsganges stehen immer wieder Menschen und müssen aus der genannten Quelle die Kraft zum Handeln nehmen.

Es wird immer schwerer, diese Quelle freizuhalten. Die Erfordernisse eines modernen Betriebs verstellen sie zunehmend. Um so schwerer wird aber auch das Handeln, um so unerquicklicher das Miteinander der Menschen. Die Arbeitsbetriebe unserer Zeit haben zunehmend mit sozialen Problemen zu kämpfen, und häufig wird an der Außenseite repariert, was im Inneren faul ist.

Wer offenen Auges durch einen Betrieb arbeitender Menschen geht, sieht viel von der beschriebenen Unzufriedenheit, und man ist erstaunt, daß doch immer noch so viel Effektivität vorhanden ist. Es wird oft geklagt, daß Menschen ohne echte Anteilnahme arbeiten – es wird aber ebenso darüber geklagt, daß Anteilnahme gar nicht erwartet und sogar abgewiesen wird. Das Bild ist vielschichtig. Auf der einen Seite sind solche Klagen, auf der anderen sieht man an vielen Orten unerhört großen Einsatz.

Viele leitende Mitarbeiter in den Betrieben arbeiten unermüdlich und wesentlich mehr als die geforderte Stundenanzahl in der Woche. Sie tun dies, weil sie sich verantwortlich fühlen für einen Arbeitsbereich. Sie arbeiten wie für das Eigene. Sie werden allerdings in der Regel auch hoch bezahlt.

Es gibt aber daneben auch die Einstellung, wie Alexander Solschenizyn sie mit seiner Figur des Iwan Denissowitsch beschreibt: eine Einstellung, bei der man trotz widrigster äußerer Umstände hingegeben arbeitet, weil Arbeitsmaterial und Gerät es verlangen. «... aus dem Ringen der Geräte entfaltete sich Frömmigkeit», sagt Rilke und spricht damit ein Phänomen an, auf das im allgemeinen viel zu wenig geachtet wird: den hingegeben arbeitenden Mensch, der das Seine tut, ohne nach Anerkennung zu fragen. Der es tut, weil an seinem Platz Ordnung herrschen soll, der das Material achtsam behandelt, weil nur das sich mit den eigenen Wertvorstellungen vereinbaren läßt.

Es ist zu fürchten, daß all die komplizierten Werkhallen unserer Zeit veröden werden, wenn es nicht gelingt, dieses hingegeben arbeitende Wesen zu erhalten. Denn nur dieses ist es, was das Ganze am Leben erhält, und dieses ist es, was im fertigen Werk als das Eigentliche des Produkts den Kunden anspricht.

Was ist hingegebenes Arbeiten? Man vergißt sich selbst und ist nur auf das Tun eingestellt. Das kann so weit gehen, daß man echtes Unwohlsein und Kummer vergißt. Viele Menschen gehen zur Arbeit und erfahren das.

Im Herz-Lungen-Bereich jedes Menschen ist das Gesetz von Ein- und Ausatmen wirksam – es gilt aber auch im sozialen Bereich. Man muß Zeiten haben, in denen man für sich ist und gewissermaßen einatmet, man muß aber auch wieder ausatmen und damit sich der Welt mitteilen. Das letztere wird immer schwerer, weil der Egoismus des modernen Menschen das Einatmen als das Wünschenswerte hinstellt und das Ausatmen im sozialen Bereich gering achtet. Es ist aber unendlich wichtig, daß man beide Seiten pflegt. Jeder Mensch lebt davon, daß er dem Mitmenschen etwas bedeutet. Ohne dieses Erlebnis wird man mit Sicherheit krank in der Seele.

Wer hingegeben tätig sein darf, an ein Werk hingegeben, hinter dem der bedürftige Mitmensch als Empfänger der Ware steht, der wirkt heilend im sozialen Sinne. Er muß allerdings frei und selbständig an seinem Platz wirken dürfen, das heißt, er muß geachtet sein als tätiger Mensch.

Leib und Leiberleben sind Grundlagen des Arbeitens

Insofern der menschliche Körper in den drei Raumesrichtungen orientiert ist, ist leicht zu sehen, daß er Grundlage des Arbeitens ist. Einmal in der offenkundigen Weise, daß er im Raum tätig ist und Räumliches schafft. Es stimmt aber auch in bezug auf die Rückwirkungen der in der Arbeit vollzogenen Raumesrichtungen auf das Selbsterleben des Tätigen. Das Arbeiten von oben nach unten findet beispielsweise beim Spalten von Holz, beim Hacken der Gartenerde statt. Von vorn nach hinten oder umgekehrt arbeitet man beim Sägen, Ziehen und Schieben. Von rechts nach links verlaufen besonders viele Arbeitsbewegungen, so beim Meißeln, Putzen, Weben und Schnitzen; beim Nähen ist dies der Fall oder auch beim Schälen von Obst. Diese Tätigkeiten laufen in den beschriebenen Richtungen ab, sie beanspruchen und schulen zugleich die Koordination der Bewegungen beim Arbeitenden.

Mancher Lehrling – ganz besonders ein Mensch mit Behinderung – hat Schwierigkeiten mit der Koordination von links und rechts. Das stetige Arbeiten in der waagrechten Raumesrichtung mit den aufeinander zuarbeitenden Händen korrigiert diese Schwäche. Hier zeigt sich die therapeutische Qualität der Arbeit – auch wenn man es nicht bemerkt.

Wenn ein Mensch eine Waagerechte oder Senkrechte abschätzt, dann kann er das aufgrund der Gleichgewichtsverhältnisse in seinem Körper. Das gilt nicht nur für die genannten Fälle, sondern letztlich für alles Erleben von Raumesverhältnissen. Der Körper ist die Grundlage, von dem aus ein Erleben und Beurteilen erst möglich ist.

Die Umkehrung dieser Tatsache hat auch Bedeutung: Der Mensch hat, solange er es nicht bewußt schult, kein zutreffendes Gefühl und kein zutreffendes Urteil über die Senkrechte und Waagerechte, insofern er sie aus dem Oben–Unten und aus dem Vorn–Hinten wahrnehmen soll. Wer auf einer Brücke steht und einen Punkt senkrecht unter sich angeben soll, wird weit daneben schätzen, so nämlich, daß er einen Punkt vor der Senkrechten angibt, der in schrägem Winkel nach unten und vorn zeigt. Ähnlich verhält es sich mit der Schätzung nach oben. Und so verhält es sich mit dem Gefühl für die Waagerechte.

Das bemerkt der Anfänger in der Schreinerei, der die ersten Versuche im Hobeln von Hand macht. Neben den Schwierigkeiten, den Hobel richtig zu führen, wird er unwillkürlich die Holzfläche schief hobeln, nämlich die Fläche schräg von sich weg führen. Die hintere Kante des gehobelten Brettes ist weiter angehobelt als die vordere. Das bemerkt man erst, wenn man das Werkstück im rechten Winkel betrachtet; dann ist es so auffällig, daß man sehr überrascht ist. Und man wird von neuem versuchen und wieder den Fehler machen – bis man ihn bewußt korrigiert und zugleich damit sein Gefühl für vorn und hinten schult.

Man kann fehlendes Körperbewußtsein – neben direktem Schulen, etwa durch Bothmer-Gymnastik – auch über die bewußte Wahrnehmung von Raumesverhältnissen günstig beeinflussen. Wer Außer-sich-Liegendes beurteilen will, muß in sich selber ein Komplementärerlebnis schaffen, anders erhält er keinen Bezug zur Umwelt.

Das Tun ergreift den ganzen Körper, nicht nur die Gliedmaßen und Muskeln. Wer Gips anrührt, wird schlucken. Die Konsistenz der Masse erinnert an Speise (bei Mörtel wird das mundartlich direkt angesprochen: Er heißt «Speis»). Wer Nägel auszieht, beißt die Zähne zusammen. Wer als Gärtner auf Sandboden arbeitete und dann auf Lehmboden kommt, kann beobachten, daß seine Verdauung sich ändert. Wer lange in eine Richtung rührt, dreht feine Säfteströme im eigenen Körper mit; hier ist anzuraten, die Rührrichtung von Zeit zu Zeit zu wechseln.

Zugleich haben alle diese Erlebnisse einen vereinzelnden, analytischen Charakter. Die Gliedmaßentätigkeit und mit ihr alle Arbeit, vom Tun her gesehen, hat diesen Bezug auf das Vereinzelnde, Teilende. Die Summe der Einzelteile zusammenzusehen ist Aufgabe des Kopfes, der synthetisch zu erleben – und dadurch zu denken – in der Lage ist. Überschau ist immer Sache des Kopfes, Gliederung in Einzelsysteme, in Organe Sache der Gliedmaßen.

Wer einen Arbeitsablauf gliedern will, muß wissen, daß er damit im Bereich der Gliedmaßen wirkt. Wer einen weitgegliederten Fabrikationsablauf überschauen möchte, kann dies nur synthetisch, mit Hilfe der reinen Denkkräfte, tun (siehe R. Steiner, *Heilpädagogischer Kurs*, GA 317, S. 28).

Der analytische Bereich geht noch weiter. Es ist anzunehmen, daß die einzelnen Organe des Menschen differenzierten Bezug haben zu bestimmten menschlichen Verhältnissen, unter anderem natürlich zum Tätigsein des Menschen:

- willensbetontes Arbeiten beansprucht die Leber,
- rhythmisches Arbeiten die Lunge, den Kreislauf,
- das Eisen steht in Beziehung zum Blut
- die duftige Wolle zum Rhythmischen im Menschen
- Erde, Stein, Ton scheinen Bezug zu haben zum Stoffwechsel.

Hier sind noch viele Fragen offen. Eine genauere Erkenntnis dieser und weiterer Bezüge bedarf intensiver Forschung. Die ersten Verständnisversuche sind tastend, vom ahnenden Gefühl bestimmt.

13.
Handarbeit – Maschinenarbeit

Arbeit geht nicht ohne Gerät. Der Sammler braucht einen Korb, der Fischer Angel und Netz, der Schreiner den Hobel, der Schmied Feuer und Amboß. Wer Erde und Stoff verwandeln will, muß sie selbst benutzen, um dies zu tun. Der Baum liefert der Axt den Stiel, derselben Axt, die den Baum auch fällt.

In alter Zeit hatte der Mensch nur Geräte. Jagdwaffen waren solche Hilfsdinge, aber auch das Boot des Fischers, der Sattel des Reiters gehörten dazu. Sie unterscheiden sich vom Werkzeug dadurch, daß eine stärkere Beziehung zum Menschen vorliegt.

Die Jagdwaffe war fast ein Teil des Jägers, ebenso wie das Boot des Fischers dem Seemann so nahe war wie seine Hand. Es war viel mehr als bloß ein Hilfsmittel, es war Freund, Vertrauter, Helfer. Wenn es beschädigt wurde, ging es so nahe, als ob ein Freund litte. Ähnlich erging es Nomaden mit Sattel und Zelt. Sie wurden Teil des Selbsterlebens.

Auch heute gibt es noch solche Geräte, wenn es auch seltener wird, daß jemand ein Ding in solche Beziehung zu sich treten läßt. Der Taststock des Blinden ist ein Beispiel dafür.

Das Werkzeug dagegen ist für bestimmte Arbeiten konzipiert und nur für diese wichtig. Es gibt zwar universell einsetzbare wie den Hammer, aber die meisten sind speziell. Der Tätige ist nicht im selben Maße abhängig von ihm wie der Fischer von seinem Boot. Er kann auch mit anderem Gerät arbeiten, wenn es sein muß.

In allen schaffenden Tätigkeiten gibt es, wie wir gesehen haben, einen planenden – oder gedanklichen – Anteil und einen Willensanteil. Das Gefühl vermittelt zwischen beiden. In früheren Tätigkeitsarten überwog der Willensanteil, und je weiter die Entwicklung fortschritt, um so stärker trat der planende Anteil in Gerät, Werkzeug oder Maschine in den Vordergrund.

Ausgewogene Arbeitsweisen haben ein harmonisches Verhältnis

dieser beiden Elemente. Ohne Planung kann Arbeit nicht gelingen. Aber der Willensanteil ist derjenige, der den Menschen in Bewegung bringt, ihn in Zusammenhang bringt mit der Tätigkeit als Vorgang und ihn damit als Ganzen einbezieht.

Beim gesunden Handwerker ist das Tun eine Freude, und es ist auch eine Freude, ihm zuzuschauen. Nach langer Denktätigkeit ist es für ihn eine Wohltat, gewohnte Arbeiten auszuüben, solche, die einfach von der Hand gehen.

Körperbewegung erfrischt, Planen ermüdet. Obwohl das erstere auf andere Weise auch ermüdet, baut es doch auf. Das zweite ist Sache des Bewußtseins. Es sucht Abstand zum unmittelbaren Tun, stellt sich auf eine andere Ebene, die des Betrachtens, des Abwägens, des Urteilens. Auf der einen Seite Sympathie, auf der anderen Antipathie. Das eine erfrischt, das andere baut ab. Es ist wesentlich, bei der Gestaltung von Arbeitsplätzen solche Gesichtspunkte walten zu lassen. Es genügt nicht, sie nach Arbeitsleistung und bloßer Effektivität auszurichten.

Die Hilfsmittel des modernen Technikers zeigen deutlich die Tendenz zum Spezialisieren, aber auch zum Antipathischen. Sie sind genau überlegt gebaut, dienen einem bestimmten Vorgang und keinem sonst. Das Arbeiten mit solchen Hilfsmittel läßt nichts mehr von der Hingabe erkennen, die die Grundwerkzeuge in der Hand des Handwerkers erzeugen. Der Feinmechaniker arbeitet mit Konzentration, auch mit Hingabe, aber die Geräte erreichen nicht mehr seine Geste im Tun. Der ganze Vorgang ist bewußter, aber auch fremder.

Noch weiter geht diese Entwicklung bei der Maschine. Der Tätige dient ihr, nicht sie ihm. Er richtet all sein Tun nach ihren Möglichkeiten, und erst in diesem Rahmen kann er individuelle Geschicklichkeit entfalten. Die Maschine ist weitgehend unabhängig vom einzelnen. Jeder kann ein Auto fahren oder einen Bagger führen, falls er es gelernt hat.

Das Gerät war ganz mit dem einzelnen Menschen verbunden, fast ein Teil von ihm; beim Handwerkszeug ist die Distanz schon ein wenig größer; das technische Arbeitsgerät besteht ganz unabhängig vom Menschen, und Maschinen schließlich sind Wesen ohne Bezug zu dem Menschen, der sie bedient.

Moderne Produktionsstraßen laufen nach einer Eigengesetzlichkeit, die sich bereits vom Menschen entfernt. Sie produzieren nicht nur ohne ihn, sie haben auch andere Gesetze, die nichts mehr zu tun haben mit menschlichen Verhältnissen.

In alter Zeit verband der Mensch mit Geräten, vor allem aber mit Arbeitsvorgängen, so etwas wie eigenständige Wesen. Der Jäger und der Krieger sprachen mit dem Speer, ehe sie ihn schleuderten. Ein Zelt war nicht nur Schutz vor der Witterung, sondern Hülle und Behausung eines Wesens, das Inbegriff wurde für alles Schützende der Familie.

Die Handwerke hatten starken Bezug zu solchen Wesen. In vielen Märchen treten sie auf und helfen dem Handwerker; oft gelingt ihnen, was ein arbeitender Mensch nicht erreicht hat, oft raten sie oder fügen die Dinge so, daß das Tun gelingt.

Moderne Maschinen zeigen solchen Märchenbildern ein abweisendes Gesicht. Sie scheinen fremd und fern und in aller Regel nicht freundlich gegenüber dem, der sich ihnen zuwendet.

Je komplizierter Maschinen heute konstruiert sind, um so mehr zeigen sie aber eine eigene Gesetzlichkeit, die fast etwas wie ein Wesen zu sein scheint. Der arbeitende Mensch stellt ihm Bewußtsein entgegen, denn nur so lassen sich solche Maschinenanlagen bedienen und führen. Bewußtsein ist selber kalt, abweisend, und so bemerkt der Arbeitende nur selten, welche Ansprüche an ihn gestellt werden.

Maschinen sind Erzeugnisse von Menschen und zeigen deutlicher als vieles andere, wie Gedanken von Menschen aussehen können. Alle Teile der Maschine sind durchdacht. Nichts ist der Spontaneität überlassen, alles ist geplant, berechnet. Das Ergebnis ist effektiv, aber in ästhetischem Sinne nicht schön.

Wie entstehen Gerät und Maschine?

Ein technisch begabter Mensch beobachtet ermüdende Arbeiten von Menschen und hat – meist plötzlich – eine Idee, wie er ein Hilfsmittel finden kann, sie zu vereinfachen. Viele frühe Maschinenentwicklungen zeigen Gesetze der Natur in technisch eingebundener Form. Die Wasserräder am Euphrat und Tigris, die weite Gebiete des umliegenden Landes mit Wasser versorgten, wurden entwickelt nach dem Gesetz der aufgehenden und am Himmel wandernden Sonne: Wie diese steigt und sinkt, so steigen und sinken die Wassereimer an den Schöpfrädern, die der Strom treibt. Windmühlen folgten dem Wind, Schiffe dem Wind und dem Wasser. Wagen wurden für Pferde entwickelt, aber die ersten dienten nur dem Gottesdienst, denn auch sie waren Bild der Gestirne am Himmel. Wie das Rad sich drehte, so empfand man den Gang der Sonne um die Erde. Oft trugen solche Wagen eine goldene Sonnenscheibe in der Prozession.

Später reduzierte sich die Erfindung der Geräte auf differenzierte Arbeitsbewegungen und diente ihnen. Aber die Bewegung ist auch ein Erlebnis des Tätigen, und der Erfinder muß innerlich ganz einsteigen in solche Erlebnisse, um Lösungen technischer Art zu finden. Es ist, als ob etwas von der Arbeitsbewegung in den Gedanken überspringt und damit zur Funktion wird.

Es gibt immer noch Erfindungen, die diesem Weg folgen. Es ist noch nicht lange her, als metallene Rohre in Werkstätten und auf der Baustelle mit der Säge geschnitten werden mußten – eine recht ermüdende Arbeit. Ein findiger Mensch kam auf den Gedanken, ein Hartmetallrädchen so an ein Gerät zu fügen, daß es, sich um ein Rohr drehend, immer tiefer einschneidet. Der Arbeiter dreht das Gerät um das Rohr, das Rädchen schneidet sich tiefer ein, bis das Rohr getrennt ist.

Rudolf Steiner läßt in einem seiner Mysteriendramen einen Techniker aussprechen, er leite eine Fabrik, in der man Schrauben walzt. Es ist gut zu wissen, daß diese Erfindung tatsächlich ganz kurz vorher entwickelt wurde, eine Erfindung, die zwar für die Benützer von Schrauben sehr wichtig wurde, aber gewiß nur wenigen Geisteswissenschaftlern bekannt wurde.

Zuvor wurden Schrauben geschnitten. Ein Gewindeschneider wurde so um den Schaft der Schraube gedreht, daß die feinen Schraubenbahnen eingeschnitten wurden. Das Verfahren wird immer noch angewendet. Jeder Schlosser lernt es in der Lehre.

Das Walzen ist aber unendlich besser, weil jeder Stahl Strukturen hat, nach denen feine Stränge innerhalb des Materials verlaufen. Der Schmiedevorgang sorgt dafür, daß solche Bahnen entstehen. Wer noch in der Kinderzeit Stahlmesser mit Kork und Scheuersand reinigen mußte, weiß, wie solche Strukturen aussehen. Meist wurden nämlich aus den Messerklingen feine Riefen herausgeschliffen, längliche Vertiefungen im Stahl. Das waren die erwähnten Strukturen.

Wenn bei einer Schraube das Gewinde eingeschnitten wird, geht die Schneidebewegung gegen die Stahlstruktur. Das heißt, die Schraubengrate haben einen Unterbau, der durch das Schneiden gegen die Struktur geschwächt ist. Beim Walzen in glühendem Zustand hingegen wird gerade diese Stahlstruktur in das Schraubengewinde gewalzt. Das Ergebnis ist eine beträchtlich höhere Haltbarkeit und Belastbarkeit. In Rudolf Steiners Mysteriendramen hat Dr. Strader, eine der Hauptfiguren, eine solche Fabrik geleitet, als die Erfindung eben bekannt wurde.

Bei vielen technischen Erfindungen wird heute ein vergleichbarer Weg beschritten. Man sieht Möglichkeiten im rein technischen Bereich, entwickelt diese weiter, bis sie einen Teil der Arbeit in einem Betrieb erleichtern und beschleunigen. Dabei scheint diese Entwicklung ohne Begrenzung zu sein. Immer mehr wird erfunden, immer mehr wird hergestellt. Allmählich leeren sich Fabrikhallen von Menschen, nur noch Produktionsstraßen gehen nach eigenem Takt. Der Mensch als Gestalter der Erde schafft Wesen, die sich von ihm entfernen und ihn sogar schädigen. Es ist an der Zeit einzuhalten und abzuwägen, wo auf der einen Seite die Lebensgrundlage gestört wird, um Werte für eben dieses Leben zu schaffen; wenn Güter auf solche Weise entstehen, schaden sie mehr, als sie nutzen; auf der anderen Seite gilt es, darauf zu achten, wo der Mensch als Tätiger zunehmend aus dem Schaffensprozeß ausgegliedert wird. Weder dort noch hier dient man ihm.

Trotzdem gilt – und das ist Inhalt dieser Betrachtung –, daß wir der Maschine unendlich viel verdanken.

Bis vor nicht allzulanger Zeit war die Handarbeit für die meisten Menschen so anstrengend, daß nur ganz wenige Arbeitsleute alt wurden. Sie waren im Alter von fünfundvierzig Jahren von der überaus schweren Arbeit verbraucht. Im Kohlebergwerk wurde – oft auf der Seite liegend – die Kohle mit der Spitzhacke gelockert und mit Handwagen aus dem Stollen gebracht. Handlanger auf dem Bau trugen Lasten, die heute unvorstellbar sind. Ein Steinbrett voller Backsteine wog nie weniger als drei Zentner, oft mehr, sogar wesentlich mehr. Ähnlich die Bütten, in denen der Mörtel nach oben getragen wurde. Die Leitern am Bau hatten engstehende Sprossen, weil man mit solchen Lasten keine hohe Stufen steigen kann. Aber die Handlanger liefen diese Tritte hinauf. Sie gingen nicht etwa, o nein, sie liefen.

Denn es war Regel: Ein Handlanger mußte zwei Maurer bedienen. Er mußte den Mörtel mischen – von Hand –, mußte ihn nach oben tragen und mußte Steine schleppen. Und zwei Maurer arbeiteten rasch, wenn sie an einer langen Mauer beschäftigt waren.

Die Segel auf einem Segler alter Zeit waren so schwer, daß die Matrosen mit dem ganzen Körpergewicht ziehen mußten, also den Körper beim Stellen der Segel mit einsetzten. Das konnten nur junge Leute. Aber die ganz jungen, fixen, mußten in den Mast hinauf und Segel setzen – eine unwahrscheinlich schwere Arbeit bei starkem Wind und nassen Segeln.

Diese Liste ließe sich fortsetzen. Überall auslaugend schwere Arbeit. Die Maschine hat uns von dieser Plage weitgehend befreit. Sie leistet so viel leichter und schneller die Schwerarbeit.

Der heute Lebende verdankt ihr seine Unabhängigkeit. Die früheren Arbeitsweisen banden die meisten Menschen in die Fron schwerer Arbeit. Heute gibt es für jeden Zeitgenossen Freiheiten, die früher undenkbar waren. Verkürzte Arbeitszeiten, leichtere Arbeit, Ferien, um nur von direkter Arbeitserleichterung zu sprechen. Aber auch finanzielle Vorteile gegenüber früheren Zeiten gehen auf die Maschine und die dadurch mögliche Arbeitsteilung und Vermehrung der geleisteten Arbeit zurück.

Vor einhundert Jahren war bei der Entstehung eines Wertes das Verhältnis zwischen Körperarbeit und Maschinenarbeit derart, daß der größte Teil auf Menschentätigkeit zurückging. Das hat sich im Laufe der Zeit verschoben, so daß bis heute nur noch ein ganz geringer Anteil an der Leistung und an Wert auf die direkte Tätigkeit eines arbeitenden Menschen zurückzuführen ist. Der weitaus größere Teil besteht aus Maschinenarbeit.

Wir haben allen Grund, dieser Entwicklung dankbar zu sein, denn sie erspart uns riesige Mühe und gibt uns große Freiheiten. Sie rückt aber zu gleicher Zeit das Arbeiten aus der Harmonie der früheren Arbeitsweise und macht die Produkte unwert, obwohl sie so schön sind. Sie werden kaum noch geachtet.

Es wird manchmal gerne die sogenannte gute alte Zeit im Vergleich zur heutigen gelobt. Das hat gewiß Berechtigung, aber man übersieht einen beträchtlichen Anteil an Schattenseiten, wenn der Blick nur darauf gerichtet ist.

Frühere Arbeitsstellen waren fast immer so schlecht eingerichtet, daß man sich heute weigern würde, auf solche Art zu arbeiten. Die Arbeitszeiten waren lang, die Bezahlung kümmerlich. Viele krankmachende Einflüsse nahm man hin, ohne sie zu ändern. Eine geringe Fürsorge für alte und kranke Leute wurde erst gegen Ende des vorigen Jahrhunderts eingeführt. Vorher gab es dergleichen nicht.

Neben diesen Schattenseiten standen freilich auch Vorzüge, die man heute erkennen muß, um für die Zukunft richtige Wege einzuschlagen. Der Arbeitende war als Mensch verbunden mit dem Tun, war identisch damit und bezog einen großen Teil seines Selbstverständnisses aus dieser Bindung. Das betraf den Beruf als ganzen, aber eben auch die Arbeitsweisen, die früher in der Struktur und der Geste menschengemäßer waren. Man blieb in menschengemäßen Verhältnissen, auch wenn sie anstrengend waren.

Die heutige Produktionsweise hat allen Menschen unglaubliche Erleichterungen geschenkt. Aber was sie hier gibt, fordert sie auf andere Weise zurück. Was früher den tätigen Menschen im Tun mit dem Werk verband, muß heute herausgehoben werden aus dem Saugenden und Zwingenden des Arbeitsprozesses. Früher verlangten Gerät und Material so viel Einsatz, daß im Werk ein hohes Maß an Hingabe an den Empfänger gegeben wurde. Die Maschine kann das nicht bieten. Darum muß eben dieses Maß an Zuwendung dem Mitmenschen auf andere Weise gegeben werden. So vielfältig und reich die Waren sind, mit denen wir umgeben sind, sie ersetzen nicht, was der Mensch dem Menschen zu geben hat. Was an Schwerarbeit erspart wird, muß auf neue Weise dem Mitmenschen geschenkt werden.

Es ist aber nicht zeitgemäß, auf die Hilfe der Maschine verzichten zu wollen. Sie ist nun einmal da, und niemand entgeht ihrer Wirkung. Es haben sich aber nicht nur Produktionsmethoden geändert, auch die Menschen haben sich weiterentwickelt. Es wäre gar nicht mehr möglich, Menschen in solche Fron zu zwingen, wie sie früher alltäglich war. Sie würden krank werden.

Es kann nur darum gehen, ein Maß einzuführen, das die Überproduktion und die Schädigung der Natur eindämmt. Der Mensch soll nicht nur Funktionsteil im Rahmen der Maschinenarbeit sein, er soll dem Arbeitsgang ein menschliches Maß eingliedern.

Rudolf Steiner sagte für die Zukunft eine Entwicklung voraus, von der bis jetzt noch nichts zu bemerken ist. Es sollen Maschinen so gestaltet sein, daß nur ganz bestimmte Menschen sie in Gang setzen können. Die Befähigung dazu soll individuell erlangt werden, aber sie soll mit bestimmten moralischen Werten zusammenhängen. Ein anderer Mensch mit weniger hochstehender Moral würde die Maschine nicht in Gang setzen können. Es soll sogar so weit gehen, daß ganze Fabriken erst durch die Anwesenheit eines solchen Menschen laufen können. Ohne ihn stehen alle Maschinen still. (Siehe dazu R. Steiner, *Das Karma des Berufes des Menschen*, GA 172, 4. Vortrag.)

Solche Ausblicke geben der heutigen Situation eine Perspektive, die sie aus dem Bedrückenden und Zwanghaften heraushebt, das ihr innewohnt. Es ist zu hoffen, daß künftige Generationen Wege finden, die uns bisher verschlossen blieben.

14.
Arbeit und soziale Formen

Die Arbeit bildet Naturzusammenhänge so um, daß menschliche Gemeinschaft und Kultur entstehen können. Natur allein zerstreut den Menschen. Erst Kultur ermöglicht menschliche Gemeinschaft. Diese aber wird geschaffen durch Arbeit einzelner in der Gruppe. Solange der einzelne für sich arbeitet, bleibt die Tätigkeit die des Sammlers und Jägers. Erst durch Landwirtschaft (agricultura) und Handwerk entstehen Kulturzusammenhänge.

Arbeit ist grundsätzlich soziales Geschehen. Man arbeitet nicht für sich; man wäre krank oder in Not, wenn man das täte. Die Arbeit für andere bringt in der Stimmung und im Rückerleben auf die eigene Person ein heilendes Element mit sich. Man dient einer Gemeinschaft und erfährt Daseinssicherheit. Der Tätige wird durch sein Tun mannigfach beschenkt.

Der auf einer einsamen Insel ausgesetzte Mensch müßte viel arbeiten, um sein Leben fristen zu können. Allein und für sich wirkend, wird er mit Sicherheit krank.

Das Arbeiten bringt aber noch andere soziale Verknüpfungen mit sich. Es kommt ganz selten vor, daß jemand allein arbeitet – so selten, daß es als Ausnahme gelten kann. In der Regel arbeitet man mit anderen zusammen und ist auf die Mitarbeitenden angewiesen.

Solche Zusammenarbeit nimmt sofort bestimmte soziale Formen an. Jede Gruppe hat ihre Gliederung; alle ordnen sich ein, weil sonst keine Arbeit gedeihen kann. Ein derartiges Verhalten kann auf bitterer Not beruhen oder durch unerbittlichen Zwang aufrechterhalten werden. Solche Formen zerbrechen jedoch, sobald der Zwang gelokkert wird oder entfällt.

In der Regel stellt sich in Arbeitsgruppen ein Vertrauensverhältnis ein. Gewiß gibt es Störenfriede, aber die Gruppe weiß sich ihrer zu erwehren und das Vertrauen wieder herzustellen.

Zimmerleute auf dem Bau sind aufeinander angewiesen; der eine weiß genau, was der andere tun wird. Die Gefahr eines Unglücks ist jederzeit gegeben. Man kann ihr nur begegnen, wenn sich einer auf den anderen verlassen kann. Jedes Team, das unter ähnlichen Umständen arbeitet, entwickelt entsprechendes tiefes Vertrauen untereinander. Aber auch bei weniger gefährlichen Arbeiten legen alle Mitarbeiter großen Wert darauf, einander sicher zu sein.

Die soziale Ordnung einer Gruppe kann auch ungute Begleiterscheinungen haben. Der letzte in der Gruppe hat oft nichts zu lachen. Jeder bedient sich seiner, ohne ihm das Recht einzuräumen, das jeder andere für sich beansprucht. In guten Gruppen kommt das nicht vor – in der Praxis ist es aber oft der Fall.

Die Gliederung in einer Gruppe ist gewöhnlich durch Fachkenntnisse, durch besonderen Einsatz oder durch Kraft und Geschicklichkeit bestimmt. Die Gruppe regelt häufig die Ordnung ganz aus sich heraus; manchmal bestimmt ein eingesetzter Vorarbeiter oder Meister diese Ordnung. Er wird mit seiner Einstellung aber nur Erfolg haben, wenn sie den Realitäten entspricht. Eine falsch eingeteilte Gruppe harmoniert nicht.

Eine besondere Form bildet sich unter Seelenpflegebedürftigen, sogenannten geistig-behinderten Menschen. Sie haben andere Gesichtspunkte bei der Bewertung des einzelnen in der Gemeinschaft. Es sind nicht solche der Leistung oder der Kraft, sondern vielmehr allgemein menschliche Kriterien: Du bist da – also darfst du mittun. Wo? Wo du möchtest – am liebsten neben mir.

Das Miteinander ist wichtiger als die Produktion. Der einzelne freut sich am Geben und Nehmen der anderen. Es läuft ein Rad von Menschlichkeit, das in sich genug ist. Ein besonderes Bild bietet die Beobachtung, welche Behinderungsarten sich zu Gruppen zusammenfinden, welche Funktion sie übernehmen. So entsteht das Bild des heilen Menschen immer wieder durch die Art, wie die Einseitigkeit der Einzelbehinderung in der Gruppe durch die andere ergänzt wird. Der einzelne vermag nur einen Teil des Ganzen hinzustellen. Die Gruppe aber ist ein Ganzes.

Dazu gehört, daß diese Menschen meist kein Verständnis für Geld und abstrakten Wert haben. Sie freuen sich, wenn andere ihre Produkte kaufen – aber nicht der Einnahmen wegen, sondern wegen der Tatsache, daß diese Leute etwas brauchen, was sie gemacht haben.

Es ist an vielen Zeichen abzulesen, daß der Mensch als Arbeitender sich nicht mehr in die gnadenlose Fron eines Produktionsganges stellen will, daß er vielmehr als der wirken will, der selbst bestimmt, wie er arbeitet. Es wird daher Zeit, umzudenken und den Mitarbeitern auch Mitsprache, Mitdenken zuzugestehen.

Es ist auch deutlich zu sehen, daß Produktionsbetriebe nicht nur aus den Kräften geführt werden können, die der Arbeitsgang aus sich heraus fordert. Vollzieht sich die Führung aber lediglich aus diesen Kräften, so hat das zur Folge, daß der einzelne nicht mehr mit ganzem Herzen bei der Sache ist – und es zeigt sich, daß ganze Bereiche ineffektiv arbeiten, obwohl alle Erfordernisse äußerlich erfüllt sind.

Wie schafft man ein gutes Arbeitsklima? Man sieht von Stufe zu Stufe des Herstellungsvorgangs, daß der mitarbeitende Mensch als eigenständiges Wesen verstanden werden will. Wer aufmerkt auf das, was Menschen in einem Produktionsbetrieb empfinden, bemerkt an vielen Stellen Leute, die mit echter Hingabe arbeiten. Fragt man sie nach dem Motiv ihres Handelns, bei dem sie oft weit mehr leisten, als gesehen wird, so gibt es eine verlegene Antwort, wie etwa: «Aber es muß doch weitergehen.» Die Leute brauchen ein gutes Wort, und die Dinge müssen gepflegt werden.

Es steht eine Gutwilligkeit hinter der Hingabe der Menschen, die zwar nur selten beachtet wird, die aber ihrer ganzen Art nach in den Bereich gehört, der hier angesprochen wird. Es ist der Wille zum Guten. Denken ist eines, Wille – und gar Wille zum Guten – ist ein anderes. Man muß das letztere als eigenen Bereich erkennen lernen, um ihn zu achten und zu pflegen. Er nähert sich dem oben beschriebenen Abel-Dienst. So wie man in diesem sich dem Leidenden zuwendet aus innerer Hilfsbereitschaft, so muß heute schon der Meister dem einzelnen Arbeiter begegnen – oder wenigstens tun dies die Einsichtigen. Es zeigt sich auch, daß man über Werkstück und Arbeitsgang innerhalb der Betriebe zunehmend auf solche Seelenkräfte aufmerksam wird und sie pflegt.

Arbeiten muß zum Dienst werden, zur Hilfestellung. Der einzelne gibt gern das Seine, wenn er weiß, wem sein Tun zugute kommt, und wenn er an seinem Arbeitsplatz eine Rechtsstellung hat.

Kain und Abel begegnen sich wieder. Hier wie dort wird nach dem Bruder gefragt und für ihn gewirkt.

Rudolf Steiner stellt als Ziel für die Zukunft arbeitender Menschen dar, daß das Tun an der Erde priesterlich werden soll (vgl. *Das Karma des Berufes des Menschen in Anknüpfung an Goethes Leben*, GA 172, S. 214). Die Geste des Arbeitenden bekommt solchen Charakter, der Werktisch wird zum Altar.

Das scheint reine Vision zu sein – und ist doch auch näher, als man annimmt. Wer einem erfahrenen Meister bei seinem Tun zusieht, wird Ähnliches empfinden lernen. Es ist da, wird aber übersehen, weil die Augen nicht bereit sind, solche Zeichen zu erkennen. Das Wirken erfahrener Meister, aber auch so mancher jungen Menschen, das Wirken der Mütter und Hausmütter, der Krankenpfleger, aber auch so manchen Arbeitsleiters, der mit Hingabe schafft, strebt auf dieses Ziel zu.

Gestaltungskraft des Menschen nähert sich dem christlichen Wesen. Es ändert durch das Tun die Erde und ihre Stoffe so, daß der Weg zum Vater begangen wird.

15.
Vom Wert einer Ware

In jedem Werkstück gibt es den Anteil des Rohmaterials, das heißt der verwendeten Materie, und den Anteil der menschlichen Gestaltung. Immer wird etwas aus der Natur genommen, immer oder doch fast immer wird dieses Stück verändert, um es für seinen Gebrauch fertig zu machen. Es kommt selten vor, daß man ein Stück unverändert aus der Natur nehmen kann. Die Regel ist, daß man es verändern, mischen, zusammensetzen muß, um ihm einen Wert zu geben.

Ein solches Stück Natur hat auch bereits einen Wert, eben den Materialwert. Dieser wird ermittelt durch die Verfügbarkeit. Ist ein solches Stück reichlich vorhanden und leicht zu gewinnen, dann ist es billig; ist es schwierig zu bekommen und selten, dann entsprechend teuer. Man hat also den Materialwert bisher ausschließlich danach beurteilt, wie leicht das Material dem Zweckdenken des Menschen verfügbar war, hat aber nicht darauf geachtet, ob mit der Entnahme ein Zusammenwirken mit der Natur gegeben war. Durch solche Ausbeutung beispielsweise wurde im Mittelalter das wälderreiche England in eine waldlose Landschaft verwandelt – ebenso manche andere Gebiete der Erde. Zur Zeit werden riesige Waldgebiete in der Äquatorgegend Südamerikas ohne Rücksicht auf das Kräftegleichgewicht innerhalb der Natur gerodet.

In einem solchen Zusammenhang steht der oben angesprochene Wert eines Materials. Wenn man ihn – wie bisher oft – vernachlässigt, kann der Schaden den vordergründigen Nutzen übersteigen.

Ein schön gemasertes Holz wird mehr geschätzt als ein unansehnliches Stück. Aber auch hier gilt, daß der Mensch das Stück bisher nach seinem eigenen Empfinden beurteilt und nicht danach, in welchem Zusammenhang es zu den umgebenden anderen Elementen der Natur steht. Die Natur wird immer noch überwiegend aus dem Blickwinkel des Menschen gesehen. Der Mensch, der die Natur nutzt und ihre Produkte verwenden will, ist das Kriterium. Man hat, wenn man diese Sichtweise kritisiert hat, daher auch ganz richtig von einer Haltung des Ausbeutens gesprochen.

Man wird in Zukunft lernen müssen, den Wert eines Materials von seinem Zusammenhang her zu bestimmen, in dem es zum Ganzen der Erde steht. Dabei wird eine große Rolle spielen, ob es nachwächst oder nicht und ob es reichlich verfügbar ist oder sehr begrenzt. Vor allem wird entscheidend, ob die Entnahme das Gefüge der Natur stört oder ob sie den Verlust ausgleichen kann.

Der Mensch hat aber nicht nur genommen, er hat auch hinzugefügt. Alle Pflege der Natur gibt etwas, was ohne diese Zuwendung nicht vorhanden ist.

Material stammt dem Wort nach von ‹mater›, dem lateinischen Wort für Mutter. Man darf sagen, Material ist ein Stück von Mutter Erde. Man baut immer vom Urgrund dessen, worauf wir leben, ein Stück ab, um ein Produkt herstellen zu können.

Es muß so sein, denn nur durch Materie – aber gestaltete Materie – kann der Mensch leben. Man kann sich nun fragen, was der tätige Mensch der Erde denn zurückgibt. Es gibt eine absteigende Linie im Verhältnis des Menschen zur Erde und eine aufsteigende. Die absteigende ist die abbauende, die zerstörende. Die aufbauende entsteht überall dort, wo Menschen Materie prägen, so daß ein neuer Wert entsteht. Im besten Fall entsteht ein Produkt ohne äußeren Anlaß, gewissermaßen als Geschenk an die Natur. Beim Spiel und beim Kunstwerk wird dies erfüllt.

Eine Naturlandschaft ist ökologisch ein in sich intaktes Gebilde. Eine Kulturlandschaft ebenso, wenn auch auf anderer Stufe. Beide haben Vor- und Nachteile. Die Naturlandschaft hat eine gewisse Vielfalt an Erscheinungsformen; die Kulturlandschaft weist das jedoch auch auf und durchaus auf andere Weise, reich und in sich harmonisch. Der Mensch kann so umgestalten, daß Reichtum und Vielfalt auf neuer Stufe entstehen. Wer nur die erste Form sieht und anerkennt, übersieht viel an Wert auf dem Gebiet der zweiten. Man muß also untersuchen, wo eine Kulturlandschaft neuen Reichtum entfaltet und wie sie ihn wieder verliert. Hier gilt es anzusetzen mit neuem Denken.

Über lange Zeit der Entwicklung von Mensch und Welt haben sich die Menschen der Natur nicht gegenübergestellt, um sie wahrzunehmen und zu erkennen. Man war in der Natur enthalten, war ein Teil von ihr und empfand sie als mütterlich-tragendes Wesen. Die Göttin Natura der alten Zeit – die man noch bis ins Mittelalter hinein verehrte – vermittelte dieses Erlebnis. Wenn Alanus ab Insulis von Natura sprach, dann floß in dieser Empfindung zusammen, was aus alter Zeit herabströmte in Isis, Demeter, Sophia. Diese verbanden sich in seiner Wahrnehmung mit Maria, der Gottesmutter.

Wer Natur so empfand, konnte noch nicht stören und zerstören. Erst unsere heutige Zeit – die sich von der Natur entfernt, um sie zu erkennen, die sich gegenüberstellt, um ein Bild von ihr zu gewinnen – nimmt, ohne zu bedenken, zerstört, ohne zu bemerken, daß mehr genommen als gegeben wird.

Das «Ora et labora» der Benediktiner und Zisterzienser setzte diese ursprüngliche Tradition fort, aber in deutlicher Zuwendung zur gottgeschaffenen Welt. Sie schafften Werte, die die Natur erhöhten und so zum Daseinsgrund der Menschen machten.

Heute ist ein Umdenken nötig, um wieder zu lernen, der Natur zu dienen. Arbeit ist in erster Linie Dienst, Dienst am Mitmenschen und eben auch an der Natur, in deren Schoß der Mensch leben darf.

Der Mensch gibt zum Material Gestaltung, Formung, Verbindung. Er verändert es und hebt es aus dem Bereich heraus, in dem er es vorfand. Gestaltungskraft darf nicht mehr nur von den Prinzipien des Egoismus und der Zweckmäßigkeit bestimmt werden, sie muß auf das Verhältnis von Mensch und Erde ausgerichtet werden. Die Produktionstätigkeit des Menschen muß sich der aufsteigenden Linie im menschlichen Wirken einordnen.

Arbeit und Bezahlung

Arbeit schafft Werte. Dinge, zum Gebrauch ungeeignet, werden durch Arbeit so gesteigert, daß sie Wert erhalten. Der Wert drückt sich in der Bezahlung aus.

Die Einschätzung des Wertes einer Ware geschieht über den Markt. Angebot und Nachfrage pendeln sich gegenseitig so ein, daß ein Wertgefüge entsteht. Es ist keineswegs jeder einverstanden mit diesem Gefüge, aber es wirkt. Jeder Produzent, der eine neue Ware auf den Markt bringt, erfährt diese Tatsache.

In alten Zeiten gab es Maßstäbe der Werteinschätzung, die allgemein anerkannt wurden. So wurde etwa der Preis von Butter und Honig immer gleich gehalten. Das ging so weit, daß man auf der Balkenwaage hier Butter, dort Honig gegeneinander abwog.

Heute ist das Angebot so vielfältig geworden, daß solch einfachen Maßstäbe nur noch wenig ausrichten. Es haben sich Unstimmigkeiten eingeschlichen, die zu Ungerechtigkeiten führten. Der Welthandel hat Lebensmittel so unerhört verbilligt, daß Landwirte viel weniger verdienen, als ihrer Arbeit angemessen ist. Es gibt handwerkliche Berufe, die schlecht bezahlt werden, wie zum Beispiel den des Gärtners, bei dem man weniger verdient als in anderen Handwerkerberufen.

Der Käufer bestimmt einen großen Teil dieses Gefüges. Was ihm zu teuer erscheint, kauft er nicht. Er beurteilt auch nicht, ob eine Warengruppe – wie etwa die Nahrungsmittel – im Grunde zu billig angeboten werden. Er sucht auch hier nach dem noch Billigeren. Die Folge ist eine gnadenlose Konkurrenz der Anbieter ohne Blick darauf, ob durch diese Art des Produzierens Schäden auftreten. Der Sinn der Arbeit wird ins Gegenteil verkehrt.

Jeder Mensch möchte arbeiten. Jeder hat durch sein Tun in der Welt einen Beitrag zu geben, der gebraucht wird.

Es ist im Brot nicht allein der Stoff, der ernährt. Es ist darin die Zuwendung der tätigen Menschen enthalten, die bei der Herstellung beteiligt waren. Durch ihr Tun, ihr Handeln konnte das Brot entstehen. Denken wir uns eine Situation, ein Land, von dem alles entfernt ist, was Menschen je schufen. Es ist wildes Land. Dort leben einige wenige Menschen. Wie leben sie? Was finden sie vor? Eine Natur, die dem Menschen feindlich ist, abweisend, krank machend. Es wird kaum gelingen, das Menschsein auf einer angemessenen Stufe zu halten. Die Sorge um das Überleben wird den Menschen so auszehren, daß er verwildert.

Der Unterschied zwischen unserer Zivilisation und einem solchen Land ist bedingt durch die Anwesenheit von Menschen und ihrem Wirken hier, vom Fehlen solchen Wirkens dort. Ohne Menschentum ist Natur des Menschen Feind. Erst Menschenwirken gestaltet eine Umgebung derart, daß Menschen ihrem Sein gemäß leben können. Dieses Mehr ist nicht zu erklären aus der Anwesenheit von Waren und Gütern. Es ist das Wirken schlechthin. Das, was im Brot mehr ist als der Stoff, ist auch mehr in allen anderen Dingen, die Menschen herstellen.

Es ist nicht leicht, derartiges aus dem Bereich des Ahnens in größere Faßbarkeit zu bringen. Ein Versuch führt vom Tageserleben in den Nachtbereich, der unendlich wichtig ist, uns Menschen aber verschlossen bleibt: Man kann das Aufwachen beobachten und bekommt einige Aufschlüsse. Man weiß aus Erfahrung: Jeder Mensch hat ein bestimmtes Maß an Leistungsvermögen, an Kraft, an Einsatzbereitschaft. Wird dieses überschritten, entstehen Mangelerscheinungen. Man kann nur auf ein bestimmtes Maß an Beanspruchung mit innerer Bereitschaft zugehen, freilich auch nur an ein bestimmtes Maß an Dichte der Beanspruchung. Woher kommt dieses Maß?

Wer sein Aufwachen beobachtet, findet einen Schlüssel zu dieser Frage. Man erwacht nämlich mit einer Bereitschaft zum Tun, zum Arbeiten, zum Leisten. Diese Bereitschaft hält vor, und wer am Tag vor eine neue Aufgabe gestellt wird, holt von dorther die Reserven, das Neue anzugehen. Im Schlaf entsteht durch die Hilfe heilender Wesen alles an Erneuerung, an Erfrischung der abgebauten Kräfte vom Vortag. Es geschieht aber auch gewissermaßen eine Vorschau auf das, was der neue Tag bringen wird – nicht in Einzelheiten, aber in der Erwartung oder Hoffnung, darauf zuzugehen. Die Quelle dieser Kraft ist lichthaft, und ihr Geschenk ist Selbstlosigkeit und Liebe zum Tun.

Mit dem Aufstehen selber ist diese Vorschau gewissermaßen komprimiert in eine Willensballung. Man beginnt das erste und schreitet vor zum nächsten. Es können auch Überraschungen auftreten, aber das nur in Grenzen. Werden es zu viele, stellt sich das Gefühl ein, vor unlösbaren Aufgaben zu stehen, obwohl andere, vorbedachte, eigentlich viel schwerer zu bewältigen sind.

Der Quell, der Anstoß, der Entschluß zum Tun kommt aus dem Schlaf, und immer dann, wenn wir etwas Neues angehen, auch später am Tage, suchen wir diese Quelle auf und schöpfen daraus Kraft und Entschlossenheit, die Aufgaben anzugehen.

Diese Quelle gehört zum Ureigensten des Menschen, und darum darf sie nicht in die Verfügung anderer Menschen gestellt werden. Wer so arbeiten muß, daß er sich dem Arbeitsleiter zur Verfügung stellt, wer nur auf Anweisung arbeitet, begibt sich in eine Abhängigkeit, die ganz ungute soziale Verhältnisse hervorruft. Der eine wird zum Arbeitssklaven, der andere, was noch schlimmer ist, zum Sklavenhalter.

Der genannte Quell ist bei vielen Menschen schon fast verschüttet. Sogenannte antriebsarme Menschen haben resigniert, sie scheuen zurück vor unbefangenem Tun. Manche haben es auch einfach schwer, am Morgen fröhlich auf des Tages Aufgaben zuzugehen. Trotzdem ist auch in solchen Fällen der Quell des Aufwachens, des Willensstroms aus der Schlafwelt der entscheidende. Er wirkt hinter dem «Morgenmuffel» und seiner unfrohen Miene. Er braucht Zeit, um sich durchzuarbeiten und zur Geltung zu kommen. Der Antriebsarme dagegen kann dann geheilt werden, wenn die Kraft aus dem Schlaf wirken darf, wenn nicht Verzagtsein und Resignation einen Wall um diese Kraftquelle bauen.

Es kann und darf auch eigentlich keine Arbeitslosigkeit geben. Wenn die eben angesprochene Quelle des Schaffens und Tuns im Menschen eine Realität ist, dann gilt: hier Arbeits- und Helferwille, dort Bedarf. Der Bedarf oder der Hunger des Mitmenschen kann nicht anders gestillt werden als darüber, daß jeder andere wirken und arbeiten kann.

Wer arbeiten will, muß arbeiten können. Es ist ein Fehler in der Wirtschaft, wenn man Situationen zuläßt, in denen Menschen aus dem Arbeitsprozeß ausgegliedert werden. Den «Arbeitslosen» darf es nicht geben!

Es kann zwar vorkommen, daß bestimmte Arbeitsgebiete von anderen abgelöst werden. Dann müssen aber den Menschen andere Tätigkeiten zugewiesen werden. Wenn auf der einen Seite Arbeitsfelder verlorengehen, müssen auf der anderen Seite neue entstehen.

Die Natur und ihre Umgestaltung verlangten immer nach großem Einsatz tätiger Menschen, um zu Nahrung zu werden. Wenn heute Maschine und Arbeitsteilung die direkte Arbeit von Menschen überflüssig machen, dann entsteht im sozialen Raum ein Mangel an nichtgeleisteter Zuwendung. Die Fülle sozialer Probleme unserer Zeit sind ein deutliches Zeichen dieser Entwicklung. Menschen brauchen menschliche Zuwendung. Früher geschah sie zum großen Teil über das Ringen um Stoff und Gerät. Heute entfällt dieses, aber die Zuwendung wird nun auf rein sozialem Feld gebraucht.

Wer nicht arbeiten darf oder kann, entbehrt dies so deutlich, als ob er Hunger oder Durst litte. Jeder Mensch ist Objekt und Subjekt der Zuwendung anderer, Subjekt im eigenen Tun und Gestalten. Wer vorwiegend Objekt wird, verliert einen wesentlichen Teil des Personenerlebens. Arbeitslose leiden Mangel.

Es ist erstes soziales Gebot, diesen Bereich im anderen zu achten. Der Arbeitsleiter muß den Mitarbeiter fragen, ob er diese oder jene Arbeit ausführen kann und will. Der wird schon zustimmen, aber er ist in seinem Menschsein bestätigt und geachtet. Es tritt ein neuer Ton ein zwischen Arbeitsleuten, wenn einer des anderen Menschsein achtet.

Dieser Anteil am Produkt, der Wille zum Arbeiten, zum Helfen, zum Tun von Gutem, läßt entstehen, was so unsagbar kostbar ist im Produkt. Dies ist das eigentlich Nährende. Und dieses Element darf nicht ins Kalkül der Preisbildung fallen.

Arbeit kann nicht bezahlt werden – so wie Liebe nicht bezahlt werden kann. Wer sich angewöhnt, Liebesdienste zu entlohnen, wird sehr schnell keine mehr empfangen. Wer aber einen Dienst als Geschenk des anderen betrachtet, obwohl er bezahlt wird, erlebt eine Zuwendung dessen, der ihm dient, die zum Kostbarsten gehört, was Menschen einander geben können.

In der Ware ist also vom Wert des Stücks derjenige Anteil zu trennen, der durch Einsatz des Arbeitenden entstand. Die Ware braucht einen Preis, aber dieser kann sich nur beziehen und begründen auf das Verhältnis der einen Ware zu einer anderen. Man muß Brot ins Verhältnis setzen zu einem anderen Lebensmittel, Butter zu Honig, Schuhe zu Hüten, Jacken zu Hosen und kommt so zu einem in sich stimmigen Preisgefüge, das sich einspielt. Der Kunde entscheidet durch sein Kaufverhalten, welche Preise er annimmt und welche nicht. Dieser Maßstab ist nicht immer gerecht, aber durchaus wirksam. Jeder Produzent kennt die Macht dieser Tatsache.

Es kann Salz in einer salzarmen Gegend einen unangemessen hohen Preis haben. Wo Pfirsiche in Mengen da sind, kosten sie wenig. In Gegenden aber, wo sie selten sind, werden sie hoch bezahlt. Der Welthandel und die heutigen Transportmöglichkeiten ändern diese Struktur und machen alle Preise weitgehend gleich. Trotzdem gilt dieses Gesetz.

Beim Abwägen von Wert und Preis einer Ware spielt aber keine Rolle jenes verborgen bleibende Element der menschlichen Zuwendung, von dem gesprochen wurde. Es ist in jeder Ware enthalten, denn sonst wäre sie nicht entstanden. Es kann verborgen sein in der einen, offener und spürbarer in einer anderen. Es kann auch vorkommen, daß dieses Element fast untergeht – dann nämlich, wenn fast ausschließlich Maschinenproduktion bei der Herstellung wirkte oder wenn scharfe Konkurrenz die Freude am Tun untergrub. Trotzdem ist immer etwas von diesem Gut enthalten, sonst handelt es sich nicht um ein Gut, das Menschen hervorbrachten, sondern nur um eine leere Hülse.

Diese Überlegungen zeigen, daß im Preis einer Ware das Geschenk des Arbeitenden nicht erfaßt werden kann. Es macht zugleich deutlich, daß dieses Element auch keine Rolle spielen sollte bei der Bemessung der Vergütung eines arbeitenden Menschen. Wer diesen inneren Einsatz des tätigen Menschen bezahlen will, bezahlt Liebeskraft und wird sie eben dadurch empfindlich stören.

Die Hierarchie der Menschen in einem Produktionsbetrieb wird immer noch in der Regel nach der jeweiligen Leistung eingeschätzt und aufgestellt. Man erwartet von Menschen mit hohem Ausbildungsstand bestimmte Leistungen und fügt sie dementsprechend in das Leistungsgefüge des Betriebs ein. Man muß aber schwierige Berechnungen aufstellen, um heute in einem solchen Betrieb erfassen zu wollen, was der einzelne im Vergleich zu anderen leistet. Die Tätigkeit der Menschen sind so sehr ineinander verflochten, daß ein Trennen dieser Elemente reine Konstruktion wird, die kaum noch etwas mit der Wirklichkeit zu tun hat.

Es ist vielmehr Tatsache, daß das Lohngefüge einen Rechtscharakter bekommen hat. Fast alle Elemente, nach denen der Lohn eines Angestellten berechnet wird, sind Rechtsbeziehungen, und das ist auch ganz in Ordnung. Es ist eine Rechtsfrage, wo der einzelne im Betrieb eingeordnet wird. Er erhält eine Stellung durch ein Abwägen der Positionen untereinander. Es wird auch von den anderen Mitarbeitern genauso gesehen. Man möchte den eigenen Verdienst im richtigen Verhältnis zu dem der anderen Menschen sehen und ist bei geringem Verdienst nicht in erster Linie betroffen wegen der geringen Menge Kaufgeld, die man zur Verfügung hat, sondern vielmehr deswegen, weil Nachbarn und Freunde erfahren, wie gering man eingeschätzt wird an seiner Arbeitsstelle.

Bezahlung des Arbeitenden sollte Rechtssituation werden, besser noch: «Gerechtssituation». Die Ware sollte ihren Platz am Markt erhalten durch die Einschätzung des Marktes selbst, und Unstimmigkeiten am Markt sollten beseitigt werden durch Gespräche zwischen Verbrauchern, Händlern und Herstellern, durch assoziative Gespräche.

16. Kollegiale Führung und Bezahlung

Anthroposophische Einrichtungen werden kollegial geführt. Es gibt sehr verschiedene Formen dieses Prinzips, aber durchweg gilt, daß die ständigen Mitarbeiter die Gruppe bilden, die die Geschicke der Einrichtung angenommen haben und zu den ihren machen. Alle wirken mit in den Beratungen, erwägen und entscheiden. Jeder fühlt sich verantwortlich.

Dieses System hat Vorzüge, aber auch Nachteile, wie jedes von Menschen geschaffene System. Man kann diese Schwächen anschauen und ein weites Feld von Unvollkommenheiten vorfinden. Es ist wichtig, das zu tun, weil es Aufschluß gibt über Möglichkeiten und Hemmnisse. Hier soll aber dargestellt werden, was damit angestrebt wird, und nicht, was bisher unerreicht blieb.

Es gibt – etwa in Waldorfschulen und in heilpädagogischen oder sozialtherapeutischen anthroposophischen Einrichtungen – allgemeine Konferenzen und solche für Fachgebiete. Die letzteren werden nur von einer bestimmten Gruppe getragen und sind der allgemeinen Konferenz verantwortlich. Vor allem in den großen Konferenzen wird oft lange gerungen, und es werden Themen wieder und wieder durchgesprochen, bis jeder seine Seite der Frage betrachtet hat. Das dauert lange, ist aber nötig. Wo einzelne nicht dazukommen, alles zu durchdenken, entstehen Mangelerscheinungen.

Große Gruppen haben es schwerer als kleinere. In den letzteren ist rasch eine Übereinstimmung erreicht. In großen entsteht mehr Überblick und Vielfalt. Es kann aber nicht ausbleiben, daß immer wieder einzelne bei Entscheidungen eine anderslautende Meinung zurückstellen. Das kann in voller Freiheit geschehen und trägt zum Ganzen auf sehr besondere Weise bei. Verzicht auf Eigenes kann eine stark verbindende Kraft sein. Es kommt auch vor, daß jemand sich nicht verstanden oder übergangen fühlt, und wiederum entstehen Mangelerscheinungen.

Es gibt Kollegien, in denen abgestimmt wird. Andere vermeiden dies sogar in reinen Rechtsfragen und sprechen so lange über ein Thema, bis Übereinstimmung erreicht ist.

In jedem Falle entsteht eine Gesprächskultur, die etwas sehr Besonderes ist. Wer einmal Gelegenheit hat – und man sollte sich gegenseitig solche Gelegenheiten schenken –, in einer befreundeten Einrichtung an einer Konferenz als Gast teilzunehmen, erlebt diese Kultur des Umgangs bei Freunden.

Man hat gelernt, den anderen zu verstehen in seinen Versuchen, sich auszudrücken. Man kennt seine Möglichkeiten und seine Fragen. Man hat fast immer ein Stadium durchgemacht, in dem des anderen Art schwer zu ertragen schien. Man hat einen «Doppelgänger» erlebt und mußte darum ringen, hinter diese Erscheinungen auf ein Wesen des anderen zu schauen, das sich erst nach langem Bemühen zeigt.

Wenn solches Ringen um das gegenseitige Verständnis da ist, entsteht eine besondere Atmosphäre. Man lernt viel vom Menschsein, vor allem von dem eigenen, wenn man andere versteht. Man lernt zunächst, einander gelten zu lassen, blickt mit der Zeit noch tiefer und erschaut den Mitmenschen in seinem Ringen im Dasein. Wird auf solche Weise eine gemeinsam erlebte Frage gelöst oder wird ein Ziel angestrebt, dann wird das Gemeinsame stark erlebt, aber niemand kann sich die Lösung zuschreiben. Im Kollegium wirkt mehr als die Summe der einzelnen.

Es gibt Grundsätze bei der Gestaltung der Zusammenarbeit in heilpädagogischen und sozialtherapeutischen anthroposophischen Einrichtungen, die es zu beachten gilt. Werden sie nicht beachtet, so entsteht Ungleichheit. Zu diesen Grundsätzen gehören:

- Jeder nimmt eine Aufgabe im Rahmen der dem Kollegium gestellten Fragen an. Er nimmt sie aus eigener Intention an, nicht weil sie ihm zugewiesen wird.
- Jeder Beteiligte strebt ein Urteil an, das über den Rahmen der eigenen Tätigkeit hinausgeht. Es sollte eigentlich das Ganze der Einrichtung in allen Verzweigungen überblickt werden.
- Der eigene Arbeitsbereich muß bis in jedes Detail hinein voll überschaut werden. Er sollte so angenommen werden, als ob man für das «Eigene» wirkt. Dazu gehören die Idee, die hinter der Tätigkeit steht, es gehört dazu die Technik, diese Idee zu verwirkli-

chen, es gehören das Verhältnis zu angrenzenden Feldern und die wirtschaftliche Seite dazu.

- Jeder Mitarbeiter sollte seinen Arbeitsbereich in den Arbeitsformen und Abläufen selbst gestalten. Er sollte sogar für die Ausgestaltung der Räume freie Hand haben. Je mehr Menschen ihre Umgebung gestalten können, um so freier bewegen sie sich und um so stärker wirkt das schon besprochene pädagogische Gesetz. Im sozialen Bereich geht heilende Wirkung immer vom Individuum aus, nicht von festgesetzten Formen, denen man sich anpassen muß.
- Einkäufe und Ausgaben sollten nicht nach vorgegebenen Abrechnungsformen vorgenommen werden. Solche Formen mißachten persönliche Intentionen, und es liegt sehr nahe, die Einkäufe so zu deklarieren, wie die Kostenstellen es verlangen. Das führt unweigerlich zu Formen der Unfreiheit und beeinträchtigt das individuelle Wirken. Die Verwaltungen sollten Formen finden, die Mitarbeiter so frei wie möglich walten zu lassen. Das widerspricht nicht der Notwendigkeit des Abrechnens!
- Der andere Mitarbeiter muß in seinem Willen frei gelassen werden.
- Es ist besser, der einzelne sorgt für den Bedarf des anderen als für den eigenen. Es ist ungemein hilfreich, wenn zur Regel wird, daß man für den anderen sorgt, nicht für sich selbst. Das ist vor allem für junge Mitarbeiter wichtig.

Das von Rudolf Steiner formulierte «soziale Hauptgesetz» besagt: Das Heil einer Gesamtheit von zusammenarbeitenden Menschen ist um so größer, je weniger der einzelne die Erträgnisse seiner Leistungen für sich beansprucht, das heißt je mehr er von diesen Erträgnissen an seine Mitarbeiter abgibt und je mehr seine eigenen Bedürfnisse nicht aus seinen Leistungen, sondern aus den Leistungen der anderen befriedigt werden.

Dieses Gesetz scheint zunächst nur für den Bereich des Wirtschaftslebens zuzutreffen. Es gilt aber auch im Bereich des freien Geisteslebens. Das wird ganz deutlich, wenn ein Sorgen für andere über den Wirtschaftsbereich in den rein menschlichen Bereich übergeht. Jeder Mensch braucht brüderliche Zuwendung rein geistiger Art. Ohne eine solche ist es schwer, sich als Mensch zu fassen.

Das Besondere einer kollegialen Führung ist, daß der einzelne für seine Arbeit stärker motiviert ist und eine besondere Kultur des Umgangs mit anderen gepflegt wird. Beides beschenkt den Tätigen und ruft Möglichkeiten hervor, die niemand erwarten konnte. Oft übernehmen Menschen eine Aufgabe, die man ihnen nicht zugemutet, oft auch nicht zugetraut hätte. Die Freiwilligkeit setzt Kräfte frei, die nicht erkennbar waren. Eine oft erlebte Überraschung ist auch, daß Menschen, die schon sowieso reichlich zu tun haben, zusätzliche Aufgaben annehmen. Wer viel arbeitet, kann noch mehr übernehmen, wer wenige Aufgaben annimmt, erlahmt manchmal sogar an diesen.

Im Mitmenschlichen wirken Überschußkräfte, wenn Freiwilligkeit und gegenseitige Achtung gegeben sind. Oft wird beispielsweise über echte Not gesprochen. Man sucht gemeinsam einen Weg. Plötzlich zeigt einer der Anwesenden eine Möglichkeit, die nur ihm erscheint. Der Mitmensch im Kreis erlebt, daß wirkliche Not über individuelle Helferkräfte gelöst werden kann.

Das gilt in besonderem Maße, wenn etwa in einem heilpädagogischen Heim die Not einen Betreuten, einen Menschen mit Behinderung, betrifft. Menschen wachsen an Aufgaben, die die Gemeinschaft stellt. Auf geheimnisvolle Weise wirkt das bis zu den Betreuten hin. Wenn sie sich angenommen fühlen, löst sich manches, was vorher «verknotet» war.

Jeder Mensch hat eine bestimmte Leistungsfähigkeit und kennt diese mehr oder weniger. Solche Grenzen werden in der beschriebenen Weise oft überschritten und machen damit Kräfte von besonderer Qualität frei. Sie entstehen einerseits aus einem tiefen Quell der Persönlichkeit, andererseits haben sie einen überpersönlichen Ursprung. Sie entziehen sich jeder Berechnung und Bewertung. Sie erscheinen immer als Geschenk. Durch diese Erlebnisse wird erkennbar, daß die Arbeit in solchen besprochenen Einrichtungen nicht nach Leistung bewertet werden darf.

Wir leben in einer Gesellschaft, die sich eine Leistungsgesellschaft nennt, obwohl nur noch ganz wenige Bestandteile der Entlohnung danach ausgerichtet sind. Die meisten sind Rechtsverhältnisse geworden, und es ist an der Zeit, daß diese als solche erkannt werden. Der tätige Mensch bringt seinen Anteil des Mitwirkens so ein, daß seine innere Bereitschaft daraus spricht. Solange man diese bemessen und bezahlen will, deckt man die Quelle zu, aus der sie entspringt.

Der heutige Staat verlangt, daß man nach Leistungskriterien eingestuft und entlohnt wird. Die anthroposophischen Einrichtungen müssen das annehmen, weil es Gesetz ist, aber sie suchen nach Regelungen, die der Freiwilligkeit des Zusammenarbeitens entsprechen. Es gibt viele Formen solcher Bemühungen, und oft wechseln sie auch.

Es kommt vor, daß eine Einrichtung eine Zeitlang auf eigene Bezahlungsformen verzichtet und das vom Kostenträger zugemessene Gehalt zahlt. Dennoch ist deutlich, daß man überall nach Wegen sucht, solche von außen und fremd herantretende Leistungskriterien zu überwinden. Vor vielen Jahren verlangte beispielsweise das Arbeitsamt, daß die behinderten Mitarbeiter in unseren sozialtherapeutischen Einrichtungen ebenfalls nach Leistung bezahlt werden. Das mußte in der Monatskonferenz der «Dorfgemeinschaft Lautenbach» besprochen werden, denn man wollte eine Lösung finden, die von den meisten verstanden werden konnte. Es wurde also der staatliche Gesichtspunkt dargestellt und über lange Zeit – es dauerte damals über ein Jahr bei jeweils einer Besprechung im Monat – wieder und wieder erörtert. Eine junge Frau sagte dazu (sie sprach unbeholfen und schwer verständlich, aber der Sinn ihres Gedankens war deutlich): «Wenn man einem Faulen wenig Geld gibt, dann kann man nie genau wissen, ob er nicht nur faul, sondern eben auch behindert ist. Wenn man ihm deshalb weniger Geld gibt, bestraft man ihn für seine Behinderung. Wir wollen alle das gleiche verdienen.»

Kollegiale Führung und leistungsfreie Entlohnung leben aus der Freiwilligkeit des Einsatzes und aus der Erkenntnis, daß der Impuls zum Arbeiten aus tiefen Quellen der Persönlichkeit fließt. Das ist der Grund, warum nicht nach Leistung bezahlt werden darf. Geschieht es doch einmal, dann leiden die sozialen Verhältnisse Not.

17. Pädagogische und heilpädagogische Aspekte der Arbeit

Die hier gewonnenen Einsichten sind von besonderem Interesse für pädagogische Bereiche, insbesondere für das Leben und Arbeiten mit seelenpflegebedürftigen Menschen. Der Einstieg ins Arbeitsleben ist für sie von ganz besonderer Bedeutung. Der Weg scheint ihnen oft durch ihre Behinderung verschlossen. Viele von ihnen wachsen heran mit dem Gefühl, nichts zu können und für andere ohne Bedeutung zu sein – außer der, daß für sie gesorgt werden muß.

Ihr Einstieg in die Arbeit geschieht auf ganz verschiedenen Wegen. Diese Wege haben teilweise so bezeichnende Akzente, daß es lohnt, darauf aufmerksam zu machen.

Menschen mit Behinderung scheinen auf den ersten Blick anders und weniger differenziert wahrzunehmen, als es sonst geschieht. Aber solch ein äußerliches Anschauen wird ihnen nicht gerecht. Sie haben Schwächen, die sie in eine besondere Lebenssituation gebracht haben, aber auf der anderen Seite Quellen der Erfahrung, die wiederum den Wacheren entgeht.

Menschen mit Behinderung nehmen das Äußerliche oft kaum wahr. Die Dinge und Ereignisse des Daseins haben für sie einen Gefühlswert oder einen Wert, der sich nach einem eigenen, inneren Maß richtet. Deshalb ist ihnen bei der Arbeit das Produkt viel weniger wichtig als das Miteinander der Menschen beim Tun. Arbeit ist zunächst soziales Ereignis. Das muß man wissen, um ihnen gerecht zu werden. Und man muß alles meiden, was diese Besonderheit beeinträchtigen kann.

Es genügt ihnen meist auch nicht, nur während der Arbeitszeit zusammen zu sein. Sie brauchen näheren Kontakt, um ihr Interesse am Dasein der anderen befriedigen zu können; denn erst über die Fragen des Lebens, wie es am Menschen, am Nächsten, sich offenbart, können sie sich in sich selbst beruhigen. Sie wollen das Bett des anderen sehen, den Stuhl, auf dem er sitzt, die Mutter, die Menschen um ihn. Und sie wollen mit ihm leben. Sie wollen Zeit und Leben teilen – dann erst sind sie sich ihrer selbst sicher. Wer möchte sie tadeln für solche Zuwendung zum Mitmenschen? Die Arbeit ist von so großer Bedeutung für diese Menschen, weil sie einen Weg zum Mitmenschen weist, der frei ist von all den Behinderungen, die ihr Leben unfrei macht.

Behinderung weist immer auf den Betroffenen als den, der er war. Sie zeigt ihm sein Wesen von gestern, und insofern er nicht davon loskommt, überholt seine Vergangenheit seine Gegenwart. Arbeit hingegen weist in die Zukunft – und sie macht von Behinderung frei, weil ihr Gesamtduktus auf den anderen, den Abnehmer der Ware, ausgerichtet ist, auf den Konsumenten als Einatmenden, als «Egoisten», als den, der die Ware braucht, um leben zu können. Man braucht den Menschen mit Behinderung das nicht unbedingt zu erklären. Viele von ihnen werden das begrifflich nicht erfassen können. Aber es ist eine Lebenstatsache und wirkt deshalb aus sich.

Wenn behinderte Menschen dem Leben dienen, öffnet sich ihnen ein Tor, von dem sie glaubten, es bleibe ihnen verschlossen. Sie gehen darauf zu und erfahren in diesem neuen Raum ihr Menschsein so intensiv, daß sie wie ausgewechselt erscheinen im Vergleich zu früher.

Dabei darf nie außer acht gelassen werden, daß sie alles Tun, alles Wünschen und Wollen an Menschen binden: an den Mitarbeiter, der neben ihnen steht, der Anteil an ihnen nimmt. Sie folgen ihm, seinen unausgesprochenen Wünschen und allem, was er sagt und meint. Sie tun das ohne die Möglichkeit zur Kritik oder auch nur zur Prüfung. Sie folgen ihm auch, wenn er – vielleicht unwissentlich – einen Fehler macht. Deshalb ist die Arbeit mit diesen Menschen so besonders verantwortungsvoll.

Für sie sind die menschenkundlichen Aspekte der Arbeit schwerwiegend. Sie sind ihrer prägenden Wirkung stärker ausgesetzt. Zum anderen ist ihr Eigengefühl wenig ausgebildet und wird darum von ihrem Tun stärker geprägt als bei anderen Menschen. Es hat für sie mehr Bedeutung, Schmied oder Hausfrau zu sein, als das sonst der Fall ist. Und die Besonderheiten des jeweiligen Tuns prägen sich mehr ein, wirken ausschließlicher.

Diese Tatsachen kann man sich zunutze machen und in der Arbeitsgestaltung einen wesentlichen Fortschritt erzielen, wenn man Menschen mit Behinderung in Bereichen arbeiten läßt, die dem Menschsein spezifisch nahe stehen. Das bedeutet, daß Werkstätten für Behinderte ein Arbeitsangebot bereitstellen müssen, das nach einem Curriculum gestaltet ist. Die einzelnen Arbeitsgebiete müssen nach menschenkundlichen Bedeutungen ausgesucht werden.

Teilarbeit in der Industrie gehört zum Dasein des modernen Menschen. Ohne sie wäre der heutige Wohlstand nicht denkbar. Es ist bereits dargestellt worden, daß wir alle zu Teilarbeit tendieren, wenn ein größerer Posten Arbeit vor uns steht. Und es ist eine Erfahrung, daß Menschen mit Behinderung ebenfalls zur Teilarbeit tendieren. Aber nicht, weil sie eine Menge Arbeit rasch und zweckmäßig bewältigen wollen, sondern weil sie eine umfangreiche Arbeit nicht überschauen und weil sie darauf aus sind, im Tun mit dem Menschen neben sich Kontakt zu haben.

Und trotzdem ist Teilarbeit in der Industrie für Menschen mit Behinderung nur eine bedingt gültige Lösung. Denn bei einem zu großen Arbeitsumfang übersehen sie nicht mehr den Zusammenhang, ihr Tun verliert den Sinnzusammenhang, sie arbeiten nur noch mechanisch.

Es kommt hinzu, daß viele von ihnen zu Fixationen neigen, diese jedoch im Bereich der Teilarbeit verstärkt werden. Es kann sogar geschehen, daß man solche Fixationen für besondere Fähigkeiten hält und in der Arbeit ausnützt. Damit wird aber die Behinderung verstärkt und möglicherweise eine bedenkliche Schädigung des Menschen herbeigeführt. Industrielle Teilarbeit sollte daher von Menschen geleistet werden, die nicht in so starkem Maße abhängig sind von der Art ihrer Arbeit.

Der Mensch mit Behinderung ist denjenigen ausgeliefert, die die Arbeit für ihn auswählen. Seine Tätigkeit sollte unter stark differenzierten Angeboten ausgewählt werden, am besten von ihm selbst. Es sollten überschaubare Produktionen und Kleinserien sein, mit denen er beschäftigt ist. Das Material muß so ausgewählt werden, daß seine Wirkung auf den Arbeitenden hilfreich, nicht schädigend ist.

Mehrfach hat es sich gezeigt, daß Autisten besonderen Zugang zur Metallwerkstatt fanden. Sie lieben das Eisen und die Arbeitsmöglichkeiten, die es mit sich bringt. Ihnen, die sonst so große Schwierigkeiten haben, irgendeine Sache oder ein Ereignis des Lebens zu ergreifen, gelingt es meistens, in diesem Arbeitsbereich etwas zu finden, was sie anspricht und mit dem sie in Kontakt treten.

Oder ein anderes Beispiel: Eine blinde Epileptikerin durchlief als Schülerin der Lehr- und Lernzeit in der «Dorfgemeinschaft Lautenbach» alle Arbeitsangebote, wie sie der Lehrplan vorsah. Sie machte den Lehrern die Arbeit leicht, weil sie voller Freude auf jede neue Erfahrung zuging. Tatsächlich hat sie in zwölf verschiedenen Arbeitsbereichen Erfahrungen sammeln können. Sie war – man denke sich, eine Blinde und Epileptikerin – in der Schmiede tätig. Sie hat Kupfer getrieben, an der Maschine gebohrt, Eisenanker gefeilt, entgratet, genietet. Später war sie im Garten und hat beim Jäten und Pikieren geholfen. Sie hat im Haushalt mitgetan, geschält, geputzt, Wäsche gelegt – und so fort. Heute ist sie Weberin. Sie hat sich diesen Beruf gewählt, weil er optimale Möglichkeiten bietet bei ihrer Behinderung und weil sie ein besonderes Verhältnis zur Wolle hat. Aber durch die anderen Berufe hat sie Bereiche kennengelernt, die ihr Weltbild erweitert und ihr ein Verständnis für die dort arbeitenden Menschen gegeben haben.

An solchen Beispielen läßt sich die Tatsache erleben, wie sehr es zutrifft, daß Material und andere Arbeitselemente zum Tätigen sprechen.

Der therapeutische Wert von Arbeit

Das Material spricht zum kranken Menschen und wirkt heilend, wenn es richtig gewählt wurde. Ebenso wirkt der Arbeitsgang durch die Abfolge, durch sein Ordnungsgefüge heilend. Vor allem aber heilt die Arbeitsgeste auf mannigfache Weise. So wird zum Beispiel Wechseldominanz günstig beeinflußt durch Arbeiten, bei denen die rechte Hand der linken zuarbeitet.

Körpergefühl wird geschult durch das Erleben des ganzen Körpers. Gartenarbeit wirkt heilend, weil so oft der ganze Körper eingesetzt wird. Die Schubkarre ist ein besonders therapeutisch wirksames Gerät: Der Mensch mit einer Spastik kann auf einmal aufrecht und fast ohne Störung gehen, wenn er sie fährt. Ein anderes Beispiel: Der Webstuhl verbindet die drei Raumesrichtungen in sich; die Kette führt von vorn nach hinten, die Fächer verlaufen von oben nach unten, der Schuß geht von rechts nach links. Und hinzu kommt der Rhythmus des Schiffchens, das laut anschlägt bei jedem Schuß.

Arbeit wirkt, wenn sie in gutem Rhythmus getan werden kann,

ausgleichend, beruhigend, festigend. Der Tätige gewinnt an Selbstgefühl, das über das Tun der Glieder das Bewußtsein erfaßt.

Eine unerläßliche Voraussetzung dafür ist, daß das Tun von Menschen bestimmt wird, die in sich ausgeglichen leben. Sie wirken durch einfaches Vormachen auf die Gewohnheiten des anderen, auf sein Mittun und auf sein Lernen.

Der Anfänger kann seinen Körper und seine Kräfte nicht zweckmäßig einsetzen und zum Tragen bringen. Er setzt meist einen zu starken, verkrampften Willen ein. Dabei strengt er sich weit über Gebühr an. Der verkrampfte Wille ist schuld daran, daß Werkzeuge und Material unzweckmäßig behandelt werden und leicht kaputtgehen.

Bei tief inkarnierten Menschen ist die Geste gestaut, bei locker inkarnierten Menschen flattert sie aus. Bei letzteren kann man die Geste durch Bewußtseinsbildung und Üben korrigieren, bei ersteren muß man sie durch rhythmisches, fließendes Tun ins Strömen bringen.

Verschiedene Tätigkeitsarten zeigen sich hilfreich bei bestimmten Verhaltensfehlern:

- Bei Verkrampfung im Willen ist Arbeit in Holz gut (vom Holzhacken über Schnitzen und Schreinern).
- Wer im Willen ertrinkt (d.h. wenn der Wille über ihn hinausschießt), sollte Brot backen, Teig kneten, Ton kneten, im Arbeiten runden Formen nachgehen.
- Wer zum zerfließenden Träumen neigt, sollte spinnen, stricken, weben, Kupfer treiben.

Die Schulung der Geste als therapeutisches Mittel

Die Arbeitsgeste ist ein weiteres Hilfsmittel, Menschen mit Behinderung zu fördern und ihnen zugleich den Einstieg in das Berufsleben zu ermöglichen. Viele dieser Menschen stehen zunächst fragend vor der unvertrauten Welt der Erwachsenen. Sie haben nicht den Mut, darauf zuzugehen, und bleiben auf der Stufe des Kindseins stehen. Es kommt hinzu, daß sie sich so lange als Objekt der Betreuung anderer erleben, wie sie keinen Weg sehen, ihrerseits wirken zu können. Diese Barriere zu überwinden nennen wir «Einstieg in die Arbeit».

Da ist einmal die Gruppe derjenigen Menschen mit Behinderung, die eine Körperorientierung nicht mit der Orientierung in der Welt zusammenbringen können. Sie machen viel kaputt. Die Dinge scheinen sich ihnen zu entziehen. Immer wieder mißglücken auch die einfachsten Aufgaben. Kommen Gleichgewichtsstörungen hinzu und Wechseldominanz, dann scheint es fast unmöglich, solche Leute sinnvolle Arbeit tun zu lassen.

In dem Fall sind die einfachsten Arbeitsgeräte wie Hacke, Schaufel, Spaten angezeigt. Und wenn das noch zu schwer ist, bringt die Schubkarre den ersehnten Erfolg. Die Schubkarre ist, wie bereits betont wurde, ein eminent heilendes pädagogisches Gerät. Ein Gewicht zu bewältigen, aber stets mit den Armen im Gleichgewicht zu halten und auszubalancieren bringt ein bedeutendes Erfolgserlebnis, eben weil es unmittelbar auf das Körpererlebnis einwirkt. Wie man die Karre bewältigt, so bewältigt man seinen Körper. Gelingt diese Arbeit, gelingt auch das Dasein im Leib.

Weitere Schulungsschritte führen zu den Komplementärgesten, bei denen der Unterkörper die ergänzende Geste zum Oberkörper ausführt. Wer mit dem Spaten gräbt, benötigt den Einsatz der Arme und der Beine. Die oberen und unteren Gliedmaßen wirken zusammen. Arme und Beine haben aber jeweils ihre eigenen Bewegungsabläufe und darin ihre eigenen Gesten. Häufig können Menschen mit Behinderung die beiden Gestenbilder nicht zusammenführen. Es kann sein, daß sie die eine besser beherrschen als die andere, das eigentliche Hemmnis ist aber das Zusammenwirken der verschiedenen Gliedmaßen. Hier helfen vor allem Eurythmie, Bothmergymnastik und gezielte Bewegungstherapie.

Von diesen Arbeitserfahrungen kann weitergeschritten werden zu Gesten, die in der Horizontale oder in der Rechts-Links-Bewegung liegen. Man kann sagen, daß fast alle Menschen mit Behinderung besondere Schwierigkeiten im Erfassen der Körperbeherrschung haben, die dieser Geste zugrunde liegt.

Ein Hammer soll so auf das Heft des Schnitzwerkzeugs fallen, daß die Schläge das Messer weich und gleichmäßig durch das Holz stoßen. Das Messer muß zunächst mit der linken Hand hineingeführt werden, dann wieder in gleichmäßigem Bogen heraus. Die linke Hand muß eine ganz eigenständige Bewegung ausführen, die sich dazu von den Gegebenheiten der Maserung des Holzes beeinflussen lassen muß. Und die rechte Hand muß den Hammer im rhythmischen Schlag immer so führen, daß die Hammerbahn senkrecht auf das Heft des Messers fällt. Dabei ist es nicht möglich, auf das Heft zu schauen. Der Arbeitende blickt aufmerksam auf das eigentliche Arbeitsstück, nicht auf seine Hände. Das Schlagen und Messerführen muß also stets einer Intention folgen, die über den augenblicklichen Stand hinaus viel weiter vorgreift. Die Hände folgen von selbst, der Arbeitende blickt nicht auf sie, sondern viel weiter voraus.

Solche Tätigkeiten gibt es in mannigfachen Variationen. Das Nähen gehört dazu, ebenso das Schälen von Kartoffeln, das Putzen, Meißeln, Pikieren, Nageln. Sie beanspruchen den Arbeitenden in besonderer Weise. Für Menschen mit Behinderung ist es ein großes Ereignis, wenn sie solche Tätigkeiten auszuüben lernen.

Das Bedienen hochentwickelter Maschinen bringt in dieser Hinsicht wenig Erfolg mit sich. Die auszuübenden Tätigkeiten stellen zwar für das Bewußtsein des Arbeitenden meist eine große Beanspruchung dar, die auszuführenden Bewegungen dagegen verlieren zunehmend den Charakter einer Geste, sie werden Funktionsbewegungen. Wenn eine Maschine so eingestellt wird, daß zur Ausführung der Tätigkeit keine besondere Aufmerksamkeit mehr erforderlich ist, dann kann der Tätige zwar große Serien des Produkts durch die Maschine laufen lassen, die Qualität seiner Arbeitserfahrung ist jedoch nur gering.

Es gibt jedoch eine Reihe von Maschinen, die seelenpflegebedürftigen Menschen die Arbeit sehr erleichtern. Das sind die Maschinen und Geräte, die einzelne, komplexe Arbeitsgesten vereinfachen und diese zugleich in vielfacher Weise anwenden: Staubsauger, Mischgeräte und Zerkleinerungsgeräte in der Küche, Schleifmaschinen in der Schreinerei, Sägemaschinen in der Schmiede und viele andere.

Viele Menschen mit Behinderung haben es besonders schwer, komplexe Arbeitsgesten zu erlernen. Zum Beispiel das Rühren einer Suppe oder von Milch im Topf fällt ihnen schwer. Der Löffel muß am Grund des Topfes alle Stellen nacheinander erreichen und die Masse in Bewegung bringen, sonst setzt sie an. Beim Kochen tut man dies normalerweise, ohne viel nachzudenken. Menschen mit Behinderung rühren zwar heftig, aber sie erreichen nur einen Teil des Bodens im Topf – ganze Bereiche werden nicht erfaßt, und die Gefahr des Anbrennens ist groß. Ähnlich verhält es sich beim Glasieren von Keramik im Übergießverfahren. Die linke Hand hält das Gefäß, die rechte übergießt mit Glasurschlicker, und dabei dreht die Linke. Die Glasurmasse darf nicht noch einmal über bereits glasierte Stellen fließen, weil dann die Glasur zu dick wird. Dergleichen Gesten fallen den meisten seelenpflegebedürftigen Menschen außerordentlich schwer.

Ein weiteres Beispiel ist das Sägen von Eisen mit der Handsäge. Jeder Lehrling im Metallberuf kann ein Lied davon singen, wie schwer es zu lernen ist, die Säge gleichmäßig, gerade und mit starkem Strich zu führen. Auch Menschen mit einer Behinderung sollten es lernen, ehe sie Maschinen bedienen dürfen, aber es ist schwere Arbeit für sie, und die Sägeschnitte geraten nur selten gleichmäßig.

In allen solchen und vielen anderen Fällen ist die Kleinmaschine eine große Erleichterung. Sie nimmt dem Menschen einen Teil der vollen Geste ab, manche Maschinen reduzieren sie sogar bis zu ganz einfachen Bewegungen, aber die Qualität der Arbeit und die Produktmenge nehmen in hohem Maße zu.

Man sollte das bedenken, wenn man Mitarbeitern mit einer Behinderung gestattet, solche Maschinen zu benutzen. Sie arbeiten gerne daran, und sie leisten viel. Die Freude darüber wünscht man ihnen. Aber man sollte nicht übersehen, daß man ihnen zugleich einen Teil des ganzen Menschseins nimmt, wenn sie nicht mehr die volle Arbeitsgeste auszuführen brauchen. Sie werden eingeschränkt im Selbsterleben.

Menschen mit Behinderung sollten daher alle die vollständigen Gesten erlernt haben und erst dann an die Teilgesten herangeführt werden. Und sie sollten immer wieder solche Gesten im gleichmäßigen Arbeitsalltag vollziehen. Es ist auch sehr gut, wenn sie neben sich Anfänger in der Arbeit erleben, die alle diese Gesten erlernen müssen. An deren Mühe erleben sie für sich selbst wieder das Vollständige dieser Gesten.

Einstieg in die Arbeit

Es gibt eine andere Gruppe seelenpflegebedürftiger Menschen, die nicht in der Lage sind, gleich zu Beginn der ersten Arbeitserfahrung mit den beschriebenen Arbeitsgesten der Körpersenkrechten umzugehen und den Einstieg in die Arbeit zu finden. Hacke und Schaufel sind für sie zunächst gar gewaltige Werkzeuge. Einen Erdhaufen zu bewegen ist eine unmögliche Vorstellung. Für sie ist es besser, einen anderen Ansatz zu wählen: Sie sollten über die pflegenden Gesten in den Bereich der Arbeit eingeführt werden. Solche Tätigkeiten fallen den meisten Menschen mit Behinderung leicht, sie lieben sie sogar. Sie können in der Hauswirtschaft helfen oder bei Schleifarbeiten; sie können spinnen, weben, häkeln. Es gibt auch bei den körperlich schwereren Arbeiten solche, die hierher gehören: mit dem Rechen umgehen, Pflanzen gießen, jäten, den Stall ausmisten. Die Phantasie des Werkmeisters wird leicht Tätigkeiten finden, die solchen Menschen gerecht werden, wenn nur einmal der Schlüssel gefunden ist: pflegende Arbeitsgesten.

Auch hier wieder zwei Beispiele: Ein sehr ungeschickter junger Mann mit Down-Syndrom durchwanderte viele Arbeitsbereiche der «Dorfgemeinschaft Lautenbach». Er versuchte mitzutun, aber erreichte überall nur ganz wenig. Es schien, er könne nirgends einen Einstieg finden und müsse seinen Platz auch ohne einen Arbeitsbereich in der Dorfgemeinschaft haben. Im dritten Jahr seiner Tätigkeit gelang es einer Mitarbeiterin mit unendlicher Geduld, ihn dazu zu bringen, einen Faden in die Nähnadel einzuführen. Seitdem fühlt er sich dieser Werkstatt zugehörig, der Lederwerkstatt. Und er schafft zwar nicht viel, aber doch so, daß er als Mitarbeiter von allen anerkannt ist.

Ein anderer Jugendlicher mit Down-Syndrom verhielt sich so, daß er seine gute Meinung von sich und allem, was ihn anging, für ausreichend fand. Bei allem Tun war er der Meinung, daß seine Erwartungshaltung bereits genügend deutlich machte, was getan werden mußte. Es auch noch auszuführen, fand er nicht mehr nötig, nicht einmal angemessen. Eine glückliche Natur! Nur kann man so nicht leben, weil die Wirklichkeit dauernd ihr Recht fordert und es nicht angeht, die Mitwelt verantwortlich zu machen für die dauernden Zusammenstöße mit der Realität. Es dauerte fünf Jahre, bis dieser junge Mann einen Einstieg in diese Wirklichkeit fand. Er fand ihn durch eigenes Tun, und zwar über das Element der Handschrift beim Gestalten von Glückwunschkarten in der Buchbinderei. Das heißt, er fand Freude am Ausmalen der Formen, die in Schablonen vorgegeben sind. Er tat das schließlich mit solcher Hingabe ohne dauernde Aufforderung, daß seine Tätigkeit eine beachtliche Produktion zur Folge hatte.

Eine überaus stark wirksame Hilfe zum Einstieg in die Arbeit ist der

Arbeitsablauf, so wie er der Sache nach und dem Willen des Meisters folgend, in jeder Werkstatt geübt wird. Menschen mit Behinderung steigen begierig in diese Strukturen ein, machen sie sich zu eigen und vertreten sie gegenüber jedem Neuen. Dazu gehören alle Ordnungen im zeitlichen und räumlichen Gang der Werkstatt. Natürlich zählen dazu die besonderen Bedingungen des Materials, der Hilfsmittel, des angestrebten Produkts. Aber eben auch alle Ordnungen, die die Menschen für richtig halten: Arbeitspausen, Zeiten und Vorschriften der Pflege sowie räumliche Anordnungen (wo der Besen hängt, wo der Hobel seinen Platz hat oder wo die Bohrer aufbewahrt werden).

Ein Mädchen kommt nach Lautenbach, von dem die Lehrer und Betreuer gesagt haben, daß sie immer sehr lieb sei, aber gar nichts könne und nie etwas können werde. Sie steht lange Zeit neben allem Geschehen in den Werkstätten, sagt nichts, tut nichts, ist unendlich ängstlich. Ein Mitarbeiter mit einer Spastik, ein richtiger Bursche, arbeitet in ihrer Nähe. Sie selbst ist sehr klein. Der Mann macht Fehler über Fehler mit großem Eifer und ohne es zu merken. Schließlich wird es ihr zu viel. Sie stürzt auf ihn zu, schimpft ihn aus und versucht, ihm zu zeigen, wie es gehen muß. Dazu braucht sie eine Fußbank. Der Meister ist geistesgegenwärtig und beschafft schnell einen Klotz. Darauf steigt sie, und schimpfend macht sie vor, wie die Arbeit getan werden muß. Das Schimpfen ist hörenswert. Sie hat nämlich einen ganz minimalen Wortschatz und brabbelt nur empört vor sich hin. Der Spastiker, riesig, steht neben dem Persönchen, aufs äußerste betroffen, Mund offen, und schaut zu. Er fragt, sie macht es noch einmal vor, und schließlich gelingt es ihm auch. Er hat eine Geste erlernt – sie aber hat über das gestörte Arbeitsgesetz und die Hilfe selber ihren Einstieg ins Tun gefunden. Von da an arbeitet sie mit, wird zuverlässig und tüchtig.

Es ist von ganz besonderer Bedeutung, welches Maß an Sauberkeit ein Werkmeister verlangt. Ist er großzügig, oder verlangt er penible Pflege? In aller Regel ist das letztere bei Menschen mit Behinderung der bessere Weg, sosehr bei gleicher Werkstatt «draußen» eine gewisse Großzügigkeit geübt wird. Die einmal eingeführte Pflege erstreckt sich nämlich nicht nur auf die äußerliche Sauberkeit, sondern auf alle Bereiche des Tuns, z.B. die Pflege der Werkzeuge und auch der Arbeitsqualität. Ein seelenpflegebedürftiger Mensch wird in der Regel nicht trennen zwischen großzügiger Handhabung der Werkstattpflege und der sauberen Ausführung der Arbeit. Einmal schlampig, immer schlampig. Das macht nicht einmal an der Tür der Werkstatt halt, sondern greift über in das Leben dieses Menschen. Wem in der Werkstatt Ordnung unwesentlich ist, der wird sich schließlich schlampig kleiden, sich ungern waschen, im Zimmer keine Ordnung mehr halten. Umgekehrt geht von dieser Ordnung, wenn sie konsequent durchgeführt wird, eine innerlich stärkende Wirkung auf das ganze Daseinsgefühl der tätigen Menschen aus. Dabei darf nicht verkannt werden, daß eine solche Ordnung zunächst ausschließlich von den Mitarbeitern ausgeführt werden muß. Sie müssen sie lange Zeit selber schaffen, ehe sie sie auf Mitarbeiter mit einer Behinderung übertragen können.

Gewöhnlich wird auf diese Seite einer Werkstattführung kein besonderer Wert gelegt. Beim Fegen ist der Meister selten dabei. Und das ist falsch. Menschen mit Behinderung erleben diese Seite der Werkstattführung mit besonderer Intensität, fühlen sich beheimatet oder unbehaust – je nachdem, ob eine Ordnung so ist, daß sie sie vollziehen und sich daran orientieren können oder nicht.

Es ist schlimm für seelenpflegebedürftige Menschen, wenn ein Meister dreimal eine Schmutzecke übersieht, beim viertenmal aber heftig schimpft. Sie erleben unbewußt, daß er selber den kleinen Dingen gegenüber unachtsam ist, und können das nicht verbinden mit der offenkundigen Notwendigkeit, ein Produkt überall sorgsam zu behandeln. Solch unbewußtes Erleben wird leicht unterschätzt in seiner Bedeutung des Miteinanders. Gerade intellektuell schwache Menschen orientieren sich auf dieser Ebene und kommen nicht mit sich und der Welt zurecht, wenn Mitarbeiter mehrdeutig leben.

Seelenpflegebedürftige Menschen sind in starkem Maße abhängig von der Art und der Gestaltung der Lebensumstände. Auch die Art ihres Berufs wirkt stark auf sie zurück, stärker als das sonst der Fall ist. Das hat gute, aber auch bedenkliche Aspekte. Über die guten ist bis jetzt viel gesagt worden, die anderen sollten darüber nicht vergessen werden.

Menschen mit Behinderung neigen dazu, Gewohnheiten stärker anzunehmen, als gut ist. Sie werden abhängig von Erlebnissen, Erfahrungen und Abläufen und haben oft große Schwierigkeiten bei einer Umstellung. Dabei kann es geschehen, daß eine solch eingefahrene Gewohnheit Belastungen mit sich bringt, die als starkes

Unbehagen erlebt wird. Trotzdem kann der seelenpflegebedürftige Mensch sich nicht lösen, er kann nicht ausweichen, sich nicht befreien. Die Starrheit seiner Gewohnheit hindert ihn.

Es ist eine wesentliche Aufgabe für Betreuer behinderter Menschen, solche Entwicklungen rechtzeitig zu erkennen und eine Änderung taktvoll und behutsam herbeizuführen. Der Betroffene kann sich sträuben – trotzdem wird es oft gut sein, wenn eine Änderung der Lebensumstände herbeigeführt wird. Das darf natürlich nicht dazu führen, daß durch zu häufigen Wechsel von Arbeitsplätzen der Ernst der Arbeit gefährdet wird.

Wenn auf solche Weise – oder auch durch einen Wechsel des Platzes in den Familien einer Dorfgemeinschaft – eine Umstellung aller Gewohnheiten herbeigeführt wird, kann das zu einer beträchtlichen inneren Befreiung führen. Gewohnheiten können sonst vielleicht zu einem Gefängnis werden.

Verschiedene Werkstätten und ihre Atmosphäre werden so unterschiedlich erlebt wie ein Wechselbad. Den größten Unterschied bieten der Wohn- und Lebensbereich einerseits, der Arbeitsbereich, also Werkstatt oder Bauernhof, andererseits. Es wird natürlich auch im Haus gearbeitet, aber dieses Tun wird anders erlebt als die Arbeit in der Produktionswerkstatt. Es gehört zum Leben, ist ein Teil des Lebens selbst, es ist deutlich Ausdruck des «Abel-Stroms», wie wir ihn zu Beginn unserer Darstellung charakterisiert haben.

Das Herstellen von Waren nach eigenen Gesetzen hebt sich davon ab. Der andere Charakter zeigt sich ganz deutlich in der anderen Einstellung zu Lärm, zu Schmutz und Staub. In der Schmiede gehört es sich, daß man schwarze Streifen im Gesicht hat, in der Keramik müssen es weiße oder braune sein, je nach Art des Tons. Anfänger in solchen Berufen erkennt man daran, daß sie zu Beginn der Arbeit als erste solche Streifen im Gesicht haben. Aber auch Staub und Schmutz werden hier anders als im Haus gesehen und behandelt.

Es gibt in einer Weberei sehr viel mehr Staub und Flusen, als auch die großzügigste Hausfrau tolerieren würde. Interessant ist es zu sehen, wie eine Weberin, die zugleich Hausfrau ist, hier und dort ganz andere Maßstäbe anlegt, in beiden Fällen aber den Anspruch erhebt, sowohl als saubere Hausfrau zu gelten als auch die Werkstatt gepflegt zu führen. Sie hat in beiden Fällen recht, weil die Maßstäbe verschieden sind.

Menschen mit Behinderung können solch unterschiedliche Maßstäbe nicht leicht trennen. Darum muß man für Formen der Ordnung sorgen, die genau eingehalten werden – von allen Mitarbeitern. Zum Beispiel darf man nicht mit den Arbeitsstiefeln aus dem Stall in die Küche kommen. Die Stiefel bleiben draußen. Schmiede müssen Gesicht und Hände waschen, ehe es zu Tisch geht. Das alles wird zur Gewohnheit und geschieht ohne viel Nachdenken.

Man sollte aber bei der Gestaltung dieser Bereiche klug vorgehen und sie nicht vermischen, weil sonst die Orientierung erschwert wird. Wohnen und Arbeiten sollte man trennen; am besten hat man bis zum Arbeitsplatz eine Strecke Weges zurückzulegen.

Eine Werkstatt, die unter demselben Dach mit einer Wohngruppe untergebracht ist, erschwert der Hausmutter ihre Arbeit ganz ungemein. Staub und Schmutz dringen natürlich auch bis in den Wohnbereich, und der Lärm der Werkstatt wird über Tag ein Ausruhen kaum möglich machen. Vor allem aber die mangelnde Orientierung der seelenpflegebedürftigen Menschen wird ihr zu schaffen machen. Sie wird es schwer haben, für Ordnung im Wohnbereich zu sorgen und die intime Stimmung zu schaffen, die zur Familie gehört.

18.
Arbeit und Kunst

Es mag Künstler geben, die es befremdlich finden, daß ihre Tätigkeit hier im Zusammenhang mit Arbeit gesehen wird. Es kann aber kein Zweifel herrschen am Ernst künstlerischer Arbeit, an der Strenge, mit der auf Qualität geachtet wird, und an der völligen Hingabe ans Werk. Zwar werden viele Maler nicht von Arbeit sprechen, wenn sie an der Staffelei stehen. Sie malen. Und doch muß für die Kunst dieser Begriff in Anspruch genommen werden, freilich in seiner ethisch höchsten Form: Kunst ist Handwerk in seiner Vollendung. Kunst hebt die Arbeit des Menschen in den Raum der Freiheit. Sie befreit das Tun von der Zweckbindung. Sie hört wohl auf den Auftrag der Mitmenschen und ist auf ihren Beifall angewiesen, aber bei der Gestaltung des Werks und beim hingegebenen Tun macht sie sich frei von aller Bindung und gehorcht nur eigenen Gesetzen. Diese Gesetze sind selbstgeschaffen und doch die strengsten, die sich denken lassen. Sie werden eifersüchtig gewahrt, jede Übertretung gilt als strafwürdig, und auch kleine Verstöße werden bemerkt und getadelt.

Nirgendwo wird das Material so ernsthaft behandelt, nirgendwo wird so genau hingeblickt wie auf die Besonderheit des Stoffes, mit dem der Künstler umgeht. Die Arbeitsgeste wird so geschult, daß sie zum integrierten Bestandteil des Kunstwerks wird. Der Strich das Malers gehört so sehr zum Bild, daß es ohne diesen nicht mehr als künstlerische Aussage gilt, und der Arbeitsprozeß selber ist ebenfalls künstlerisches Tun. Die Komponenten der Arbeit – man findet sie alle, und jede ist aus dem Bereich des Alltags und seiner Notwendigkeit gehoben.

In einem Kunstwerk vereinigen sich folgende Elemente: Material und dessen Behandlung, Form und Gestalt, Aussage, Art der Ausführung. Alle haben gleiche Bedeutung, aber keines davon darf vernachlässigt werden. Kommt nur eines von ihnen zu kurz, dann gilt das Werk als mißlungen. Erst der Zusammenklang der vier Elemente macht das Ganze aus.

Auch im Bereich des Kunsthandwerks müssen diese vier Elemente zusammenkommen. Sie haben hier freilich nicht den hohen Stellenwert wie in der Kunst, und auch auf ihren Zusammenklang untereinander wird nicht so streng geachtet. Aber die Gesichtspunkte zum Wesen der Arbeit gelten für den Bereich der Kunst wie den des Kunsthandwerks gleichermaßen.

Für therapeutische Gesichtspunkte ist dies von Bedeutung. Wenn kranke, alte oder behinderte Menschen an schönen Dingen arbeiten können, geht durch das sorgsame Tun etwas über auf den Tätigen. Er wird von harmonischen Formen und Farben günstig beeinflußt, von unharmonischen gestört. In jeder Form liegt eine Geste, und diese teilt sich mit – dem Betrachter und noch viel mehr dem Tätigen, der an solchen Dingen arbeitet.

19.
Vom inneren Wesen der Arbeit

Mit dem Begriff «Arbeit» wird vieles umfaßt, was besser getrennt bezeichnet würde. Es ist ein Unterschied, ob jemand Eisen zu einem Gebrauchsgegenstand verformt oder tröstende Worte zu einem leidenden Patienten spricht. Beides wird zum selben Begriff gerechnet und hat durchaus unterschiedlichen Charakter.

Die Dienstleistung wendet sich direkt einem Bedürftigen zu und reicht die Hilfe zum Leben, die im Augenblick gebraucht wird. Der Kranke braucht zwar auch Brot und Kleidung, aber er braucht – solange er krank ist – in besonderem Maße und direkt die Zuwendung von Menschen.

Wer hat noch nicht erlebt, welche Wohltat es sein kann, wenn in Krankheit nach einer durchlittenen Nacht zwei Schwestern oder Pfleger kommen und das Bett richten? Sie haben eine bestimmte Technik, die Tücher zu glätten, den Kranken zu heben, die Kissen zu schütteln. Es dauert gar nicht lange und geschieht behutsam – aber welch eine Wohltat! Es sind, äußerlich gesehen, nur ein paar Tücher glattgezogen, aber das Erleben sagt viel, sehr viel mehr. Es ist ein Schlußstrich gezogen nach dem Leiden der Nacht. Der Körper fühlt sich erfrischt an, die Bewegungen, die fachlich kompetente und doch so liebevolle Art der Schwestern hat so direkt geholfen, als wäre ein Medikament gegeben worden.

Verglichen mit der Tätigkeit der Metallbearbeitung kann solche Tätigkeit kaum Arbeit genannt werden. Sie verdient eine eigene, ihr angemessene Bezeichnung. «Dienstleistung» sagt zwar schon etwas aus, aber auch viel zu wenig. Es sind «Abelkinder», die so wirken, weit entfernt vom Wühlen und Schaffen Kains. Sie beantworten die Frage des Herrn: Wo ist dein Bruder? Denn sie suchen ihn und helfen ihm in der Not.

Dienstleistung – oder «Abeltätigkeit» – richtet sich stets nach dem Objekt der Zuwendung. Ein Kranker erhält die Hilfestellung, die er braucht, nicht mehr, nicht weniger. Ein Essen wird gekocht, bis es bereit ist, nicht länger und nicht mehr, als gebraucht wird. Aber auch ein Landwirt pflügt einen Acker so, wie dieser es benötigt, und zwar nicht länger, als er es verlangt. Er wird nicht Punkt 12 Uhr Mittagspause machen, wenn nur noch ein kleines Stück zu pflügen ist. Seine Arbeit macht er fertig. Die Kuh wird gefüttert, so wie sie es braucht, gemolken, bis sie alle Milch hergegeben hat. Er richtet sich nach den Gesetzen des Lebens, des Wetters, der Jahreszeit, nicht nach der Einteilung, die Menschen erfanden. Auch der Bauer und der in manch anderem Beruf Tätige leisten Dienst.

Der Handwerker dagegen arbeitet nur bis zur jeweiligen Pause, nicht länger, und die Tätigkeit ist genau so, wie die Arbeitenden es einrichten. Das Material muß sich soweit wie möglich nach solchen Regeln behandeln lassen. Der Mensch prägt, nicht die Natur. Abel-Tätigkeit hier, Kain-Arbeit dort – wie wir zu Beginn unserer Darstellung gesehen haben.

Schauen wir noch einmal auf diese essentiellen Unterschiede der Arbeit zurück: Was tat Kain? Er brach die Erde auf, säte und pflanzte, veränderte nach seinem Maß das, was Gott geordnet hatte. Abel beließ diese Ordnung und nahm nur, was Gott gab, so wie es da war. Er nahm das Tier und ließ es weiden. Er wanderte von Ort zu Ort, immer wenn die Tiere nach neuer Weide verlangten. Er nahm Früchte, aber er pflanzte nicht. Er nahm Milch und Fleisch – aber Gott dankend für die Gabe. Kain dagegen ist der große Veränderer. Er nimmt, was ihm gutdünkt, gestaltet um, mischt, glüht, setzt zusammen. Er schafft eine neue Welt aus der gegebenen. Er ist der Stammvater alles Produzierens, alles bedenkenlosen Nehmens aus der Gotteswelt. Er ist Zerstörer, aber er baut auch auf. Wohin richtet sich sein Wirken?

Er nimmt alles, was Gott in der dinglichen Welt geschaffen hat, nimmt es und formt es um. Er nimmt alles, was meßbar ist, was gewogen werden kann, was gezählt wird. Das ergreift er und formt.

Woher kommt die Kraft des Formens? Sie ist von anderem Ursprung als die des Materials, das er benutzt. Die Gotteswelt wurde geschaffen. Der Vorgang ist dargestellt im Tagewerk der Bibel. Gottes Schöpfungswort ertönte, und was Kosmos war, verdichtete sich zur Seinswelt. Es wurde Stein und Wasser, Luft und Feuer, Pflanze, Tier und Mensch. Alles Geschaffene ist zusammengenommen Bild des Kosmos in seiner Vielgestalt. Alles floß ein in das, was Erde wurde, alles, was geschaffen wurde, zeugt von diesem Ursprung.

Der Begriff der Ökologie ist zu eng, wenn man die Haltung beschreiben will, um diese Weite zu fassen. Gottes Wort und Gottes Werk rufen Ehrfurcht hervor bei dem, der sie erkennt. Sein Wirken durchdringt alles Dasein. Des Menschen Gestaltung jedoch schafft Neues daraus.

Sie kann helfen, sie kann zerstören. Sie reißt ab und baut auf. Was baut sie? Sie vermag Tempel zu erbauen, die zum Hause Gottes auf Erden werden. Sie kann Gottesdienst sein. Sie kann sich aber auch ins Gegenteil wenden und Gottes Gegner verherrlichen. Beide Möglichkeiten wohnen ihr inne. Wo findet sie den richtigen Weg?

Sie muß prüfen, was sie schafft. Sie muß erwägen, ehe sie bricht und baut, sie muß erwägen nach vielen Gesichtspunkten, ob das, was sie vollbringt, zum Guten wirkt. Sie muß aber immer auch darauf achten, ob das Tun selbstlos bleibt oder ob aus dem Arbeitsgeschehen ein Selbstzweck wird. Die Dynamik des Arbeitens führt weit weg von dem, was Ursprung oder Anlaß des Tuns war. Zuerst war der Bedarf von Menschen da, dann aber erhielt das Tun in seiner Bewegung eigene Macht. Es begann zu diktieren, zu fordern, und der Tätige ließ sich auf Wege führen, die er nicht gesucht hatte. Das Werk erhielt Selbstzweck, es löste sich von seinem Urheber, zwang ihm ein eigenes Gesetz auf.

Es ist an der Zeit, sich zu besinnen auf die Kraft der Zuwendung, die auf dem Weg der «Abel-Tätigen» entwickelt wurde. Sie wirkt nicht so, daß sie vom Menschen wegführt. Sie heilt, hilft, schafft Umkreis. Sie lindert Not, gibt neue Kraft – alles Elemente, die vordergründig in einer Produktion keine Rolle spielen, ihr aber immer wichtiger werden müssen.

20.
Der Beruf und die Arbeit in Beziehung zur Wiedergeburt

Schon früh zeigen Kinder Bewegungen und Denkrichtungen eigener Art. Vor allem im Alter von acht bis zwölf Jahren fällt das auf. Die einen sind für Sprachen begabt, andere zeichnen oder malen erstaunlich schön, wieder andere freuen sich an Musik und dem Erlernen eines Instruments. Man nimmt an, daß sich hinter solchen Gaben die Persönlichkeit des Kindes zeigt, die auf diese Weise ins Leben treten möchte. Leider werden Kindern oft aufgrund solcher Anlagen Ratschläge gegeben für den späteren Beruf.

Aber diese kindlichen Talente werden später von den Jugendlichen fast immer vernachlässigt. Im Heranwachsen zeigt sich, daß die Begabung zwar immer noch da ist, aber kein Interesse mehr findet. Das Zeichnen wird nicht mehr geübt. Sprachen langweilen jetzt, und das Musizieren hört auf. Es wirkt so schade nach dem guten Beginn. Eltern und Lehrer klagen und vergessen dabei ganz, daß sie selbst einmal Ähnliches durchmachten. Die Veranlagungen des Kindes weisen nicht in die Zukunft, sie zeigen etwas von der Vergangenheit des jungen Menschen. Im Reifealter macht sich diese Veranlagung nicht geltend, und man wendet sich neuen Zielen zu. Oft sind solche neuen Ziele gar nicht erkennbar, und trotzdem werden die früheren Talente nicht mehr geschätzt.

Rudolf Steiner weist darauf hin, daß das Kind im zweiten Jahrsiebt in der Gestik, in der Veranlagung, in den Vorlieben, aber eben vor allem in den Bewegungen auf etwas weist, das lange vergangen ist. Gestik der Glieder, aber auch Sprachgestik, ist geprägt von Erlebnissen des Berufs im vergangenen Leben. Die Einprägungen der damaligen Zeit spielen im zweiten Jahrsiebt herauf und zeigen sich als die scheinbaren Veranlagungen, als Talente, als besondere, mitgebrachte Fähigkeiten.

Es kommt oft vor, daß ähnliche Veranlagungen in der Familie schon früher sich zeigten, und darum liegt es nahe zu denken, das

Kind habe sie geerbt. Es stimmt sogar insoweit, als für manches Talent körperliche Merkmale wesentlich sind. Das musikalische Ohr etwa braucht eine bestimmte Erbanlage, um hervorzutreten. Für mathematische Begabung ist – nach anthroposophischen Erkenntnissen – das Gleichgewichtsorgan wichtig. Der junge Mensch ist in eine Familie geboren worden, in der solche Merkmale vorhanden waren, er sucht sie gewissermaßen auf, weil die Neigung da war, ein solches Organ zu entwickeln. Wichtig ist hier aber, daß der Beruf des vergangenen Lebens heraufspielt in dieses jetzige Leben. Er bestimmt die Eigenart des Kindes und verrät darum manches von seinem Wesen.

Er zeigt aber eben nicht die Zukunft, er weist nicht einmal bis über das Reifealter hinaus. Wenn ein junger Mensch durch solche Anlagen in eine Berufsrichtung gedrängt wird, dann wird er im dritten Jahrsiebt beginnen, dagegen zu meutern. Er wird die Schule verlassen, wird nicht das scheinbar angemessene Studium beginnen, kommt in eine ganz andere als die erwartete Berufsrichtung. Die Angehörigen sind entsetzt und vermuten schlimme Einflüsse von anderer Seite, aber sie irren gründlich. Sie irren, insofern sie die Kindheitsbegabung für eine der Persönlichkeit gehalten haben.

Sie war aber nicht mehr als eine Erinnerung an Vergangenes, längst Überwundenes. Man kann in aller Regel sagen, daß man nicht denselben Beruf ergreift wie den einer Vergangenheit. Man strebt in eine neue, andere Richtung.

Jedenfalls tun das die unabhängigen jungen Leute, die ihre eigenen Wege suchen. Sie verabscheuen alles Alte, kleiden sich ungewöhnlich, halten sich nicht an bürgerliche Sitten, suchen Wege, die in der Familie ungewohnt sind. Auch Lehrer werden immer wieder überrascht durch solche Entwicklungen.

Der junge Mensch weiß nicht, was ihn veranlaßt, so sehr gegen das bisher Geltende anzugehen. Er weiß auch nicht, wohin die Reise geht, aber er ist sicher, daß das Alte nicht das Richtige sein kann. Er sucht nach Neuem und läßt sich überraschen. Das Leben selbst zeigt ihm schon, wo er gebraucht wird.

Und so ist es in der Tat. Das Leben ruft, und der junge Mensch geht auf diesen Ruf zu. Etwas ganz Neues sucht er, etwas, das nicht einer Begabung entspricht, etwas, das unbekannte Seiten in ihm wachruft. Denn neues Karma wird gefunden über Menschenbegegnungen –

nicht über Fachgebiete, die zu studieren lohnt. Neigungen zeigen sich spontan im Inneren des Menschen, Schicksal entfaltet sich mit und an den Menschen, die auf einen zukommen. Nicht das Innere, die Umgebung ist die Zukunft.

Das Neue kommt auch auf ungewohnte Art auf den einzelnen zu. Er sucht schlafend Wege ins Dasein, sucht nach Menschen, die ihm raten, von denen er lernen kann. Über Erlebnisse mit anderen Menschen und ihren Lebenswegen erfährt er Situationen, die ihn zu rufen scheinen. Er wird gebraucht. Oft lernt er von Menschen, oft sind es Lernwege, die sich auftun. Er empfindet sie als Aufforderung, der er sich nicht entziehen will. Es öffnen sich unerwartete Möglichkeiten, die in aller Regel weit wegführen von allem, was früher gegolten hat.

Man kann natürlich auch beim Gewohnten bleiben, man kann wählen, «was einem liegt». Aber damit trifft man in der Regel das hinter einem Liegende. Das Unbekannte, Unerwartete bringt eine neue Richtung, die nicht durch Gewohntes verbraucht wirkt.

Es ist ein Kennzeichen moderner Menschen, daß sie oft nicht den Beruf ausüben, den sie einmal als junge Erwachsene erlernt haben. Sie haben gewechselt, weil das Leben es mit sich brachte. Nun stehen sie in Lebensverhältnissen, die sie gewiß nicht aufgesucht haben. Viele junge Leute erlernen zwei oder mehr Berufe. Sie bleiben nicht bei dem, den sie zunächst ergriffen. Sie wechseln in einen anderen Beruf, und oft genug bleiben sie auf dem späteren Weg nicht einmal in diesem. Das Leben diktiert, was Zukunft des Menschen wird.

Begabung und Talente sind Geschenke aus der Vergangenheit. Jeder kennt sie, jeder hat auch solche Gaben, und er möchte sie nicht missen. Sie verschönern das Zusammensein mit anderen, sie begleiten Stunden der Besinnung. Ihre Pflege schafft einen Umkreis, der so viel verrät vom Wesen der Persönlichkeit.

Es kommt oft vor, daß solche Gaben auch in die Produktion eingehen in Form von Entwürfen und Gestaltungsmöglichkeiten. Zwar kommt es ebenfalls vor, daß derartige Talente den Beruf während eines ganzen Lebens bestimmen, aber die Regel ist es nicht.

Man darf Geschenke anderer Menschen dankbar annehmen. Aber es ist bewegend zu beobachten, wie die Träger von Begabungen durch ihre Lebenswege hinweggeführt werden vom Genuß solchen Vermögens, wie sie also die Schicksalsgeschenke ihrer Kindheit, ihre Talente, oft nicht in ihrem späteren Beruf einsetzen. Sie kommen in

Sorgen, in Schicksalsnöte, die wichtiger scheinen als solche schönen Möglichkeiten. Das neue Leben ruft sie. Gaben der Vergangenheit sind altes Gold, das durch einen Lebensweg voller Mühe in neues verwandelt werden muß. Das neue Gold ist in jedem Fall durch Mitmenschliches bestimmt. Der andere Mensch, der Nächste, ruft, und wenn man ihm gibt, was er braucht, ist es Brot – nicht Gold.

Wer redlich arbeitet, produziert Güter für andere Menschen. Wer dabei sein Gemüt nicht dadurch vergiftet, daß Hetze und Enge des Berufslebens das Dasein vergällen, wer so arbeitet, daß sein Werk mit guten Gedanken begleitet in die Welt zieht, baut damit eine neue, lichte Zukunft. Denn in einem fertigen Stück Ware ist nichts von persönlichen Kümmernissen enthalten, von individuellen Schwierigkeiten. Es ist ganz frei davon, und darum ist die Bindung, die der Kunde eingeht mit dem Urheber des Produkts, eine ganz freie und lichte.

Dieser Gedanke ist auch für die Tätigkeit seelenpflegebedürftiger Menschen entscheidend. Sie sind gewohnt, daß man Rücksicht nimmt auf sie, daß man sie nicht belastet, daß man ihnen Hilfestellungen gibt. Alles das wird gebraucht und soll so sein. Aber es läßt nicht frei! Den Mitmenschen zum Objekt der Fürsorge zu machen mag nötig und unumgänglich sein – wie wir dies bei schwerstbehinderten Menschen festgestellt haben (s. S. 28) –, es bestimmt trotzdem den anderen und engt seine eigenen Wege ein.

Es ist eine Tatsache, daß seelenpflegebedürftige Menschen vermehrt Zuwendung brauchen. Und es ist auch eine Tatsache, daß in der Umgebung solcher Menschen verstärkt Liebeskräfte aufgerufen werden. Aber sie selbst sind Objekt dieser Zuwendung, und ihnen wird nur ganz selten erlaubt, was zum Dasein jedes Menschen, jedes Kindes gehört: Subjekt zu sein! Daheim muß das Kind brav sein, wohlerzogen, auf der Straße ist es das Gegenteil. Das behinderte Kind dagegen muß immer brav sein, es darf nicht schreien und toben wie seine Geschwister. Es darf vor allem nicht mit anderen Kindern raufen, was sonst jedes Kind tut. All das schafft einen Raum der besten Gaben um ein behindertes Wesen, aber zugleich macht es das Kind unfrei, bindet es an das, was die Umgebung bietet.

Wenn solch ein junger Mensch mit Behinderung auf eine sachgemäße Weise an die Arbeit herangeführt wird, dann erfährt er zum ersten Mal, daß er anderen Menschen etwas bedeutet. Er ist wichtig an seinem Platz. Die Arbeitskette kann ohne ihn nicht wirken. Er gehört dazu, und das fertige Produkt ist sein Anteil ebenso wie das der anderen. In der Ware geht eine Wirkung aus von ihm zum Verbraucher. Diese Wirkung schafft Zukunft, wirkt in die nächste Inkarnation so gut, wie die vergangene in die jetzige wirkte.

Seelenpflegebedürftige Menschen zeigen nicht leicht, was sie tief im Inneren empfinden. Es gibt aber manchmal Stunden im Gespräch mit ihnen, bei denen sich ein wenig offenbart von dem, was sie hoffen für ihr Dasein.

In den meisten Fällen kreisen solche Äußerungen um den Wunsch: Ich möchte anderen Menschen helfen. Wie kann ich das tun? Ich möchte Kindergärtnerin sein oder Krankenpfleger. Ich möchte etwas tun, das gebraucht wird.

Wenn solche Menschen die Möglichkeit haben zu arbeiten, wenn sie ernsthaft wirken für andere, dann finden sie in dieser Tatsache eine Befriedigung, die auf keine andere Weise erreicht werden kann. Dazu gehört, daß sie das Ermüdende, das alles Arbeiten mit sich bringt, durchstehen, daß sie nicht weglaufen, wenn es langweilig wird, daß sie nicht jammern, um etwas anderes tun zu können als das, was der Arbeitsgang fordert.

Arbeit beansprucht den Menschen, verlangt Aufmerksamkeit, Selbstüberwindung. Sie fordert Kräfte, die verausgabt werden. Sie baut Kräfte ab, macht müde, zerstört.

Sie hat aber auch aufbauende Kräfte, allerdings im seelischen Bereich. Redliche Arbeit gibt Zuversicht, gibt Daseinsfreude, weil man sich gebraucht weiß von anderen. Sie gibt das sichere Gefühl, daß dieses Tun Zukünftiges in sich birgt. Man schenkt im Produkt etwas her von sich, was von Menschen gebraucht wird. Menschen gehen eine Verbindung ein zu dem, der arbeitet. Die Verbindung ist frei von allem Belastenden, wenn der Tätige selbstlos arbeitet – und das tun seelenpflegebedürftige Menschen immer. Sie bauen an ihrer Zukunft.

21.
Schlußbetrachtung

Die vorliegende Betrachtung scheint dem Gedanken der Leistung nicht genügend Bedeutung beigemessen zu haben. Die Menschen haben immer ein Produkt, viele Produkte im Auge, wenn sie zu arbeiten beginnen. Und derjenige ist ein geschätzter Mitarbeiter, der viel und gut arbeitet. Die längste Zeit in der Geschichte war Mangel zu spüren oder nahe der eigenen Haustür zu erleben; da schaute man auf das, was die Arbeitenden erreichten.

Das ist selbstverständlich richtig, und es wäre ein Mißverständnis, anzunehmen, daß diese Schrift dem Gedanken der Leistung Abbruch tun wollte. Sie wollte einen anderen Gesichtspunkt zur Geltung bringen, weil neue Denkrichtungen neue Wege aufzeigen können.

Das Tätigsein ist dem Menschen Bedürfnis und für andere tätig zu sein eine Freude. Es gibt die Abweichung, ja das Gegenteil dieser Haltung. Es gibt Egoismus und Gewinnstreben auf Kosten der anderen. Das darf aber den Blick für die Wirklichkeit nicht verstellen. Die Tugend wird durch die Untugend nicht aufgelöst, ja nicht einmal verdeckt. Man könnte sogar sagen, daß die eine durch die andere erst zur Erscheinung kommt.

Der Leistungsgedanke, ausschließlich gesehen, tyrannisiert Mensch und Erde. Der Gedanke, daß Menschen für andere tätig sein wollen und daß darin letztlich Liebe wirkt, läßt frei. Könnte diese Seite des menschlichen Wirkens sich entfalten, dann würden Arbeiter und Produzent, zwischen Materie und Mensch stehend, einander dienen, und im Tun würde eine Zukunft bereitet, die frei bleiben kann von dem Belastenden, das die Vergangenheit mit sich bringt.

Ist eine solche Hoffnung Utopie, oder ist es denkbar, daß Menschen einmal das Leben nach solchen Gesichtspunkten einrichten werden? Wer die Wirklichkeit der Welt anschaut und dabei stehen bleibt, wird es bezweifeln. Aber er übersieht dabei, daß die Wirklichkeit durch Gedanken bestimmt wird. Die heutige Ausrichtung auf

Leistung und Gewinnstreben ist das Ergebnis der Gedanken von Menschen. Ändert man seine Gedanken, dann können Einrichtungen sich ändern. Hält man Einrichtungen für unwandelbar, dann schließt man letztlich das Kostbarste aus, was der Mensch hat: seine Freiheit. Die Freiheit wurde aber noch nie geschenkt – und erwerben konnte sie immer nur, wer sie sich verdiente.

Der Weg dazu geht über die Besinnung auf das geistige Wesen des Menschen. Und nach der Besinnung muß die freie Tat kommen, dieses Wesen zu schaffen. Freiheit und Geisteswürde des Menschen müssen errungen werden. Dieses Ringen um Ursprung und Zukunft des Menschen ist erforderlich, um den Platz des einzelnen menschengemäß gestalten zu können.

Durch Arbeit werden Erde und Umwelt geändert. Materie und Gedanken werden gestaltet. Wirkende Elemente dabei sind: die Intentionen der Arbeitenden, ihre Fähigkeiten und Kenntnisse sowie hingegebenes Tun.

Von unserer Warte aus gesehen sind alle drei Elemente Medien, in denen der Mensch sich bewegt, mittels derer er wirkt, die aber zugleich Anteil an seinem Selbst haben.

Das hingegebene Tun ist wenig bewußt. Man beansprucht es, ohne es zu sehen. Man ist sogar geneigt zu übersehen, daß auch der egoistisch oder aus unguten Motiven Arbeitende im gleichen Medium wirkt.

Fähigkeiten und Kenntnisse gehören dem Tätigen an. Er benutzt sie wie Werkzeuge, ohne sie eigentlich zu beachten, es sei denn, er stößt an Grenzen seiner Möglichkeiten.

Seine Absichten sind dem Arbeitenden voll bewußt. Er weiß, was er herstellen will und was er mit dem Hergestellten tun wird. Hier liegen starke Gefährdungen. Ein gewaltiges Drama spielt sich auf diesem Gebiet ab. Egoismus, Herrschsucht und einseitiger Intellekt lenken die Wege der Menschen. Aber jedem Dunkel entspricht ein Licht. Wer die Gefahr sehen lernt, wird sich um helfende Kräfte bemühen.

Wir dürfen feststellen: Durch vieler Menschen Arbeit wird Gutes bewirkt, denn die Elemente des Tuns enthalten viel Licht. Das Dunkel, das Gefährdende ist gewaltig groß, aber es gehört zu seinem Wesen, daß man es überschätzt, daß man das Helle geringschätzt.

Man braucht auf das Dunkle nicht hinzuweisen, es stellt sich selbst genügend deutlich dar. Aber das Helle verdient unsere Aufmerksamkeit. Es wirkt überall da, wo Menschen hingegeben arbeiten, wo sie nicht an sich denken beim Tun, sondern an das Werk, das anderen dient. Das schlichte Tun der schlichten Menschen wirkt so. Es ist überall da, wo in der Geste der Menschen Liebe wirkt und wo Kenntnisse und Fähigkeiten selbstlos sind.

Durch das Tun werden Erde und Umwelt geändert. Menschengeste gestaltet um. Wo dies in selbstlos dienender Art geschieht, wird die Erde durchlichtet. Wir dürfen sicher sein, daß in diesem Licht Christus wirkt.

Im hingegebenen Tun entfaltet der arbeitende Mensch echte Brüderlichkeit. Er arbeitet, ohne auf sich zu achten. Er denkt nur an den Arbeitsgang, an die Maschine, die er bedient, an das Gerät, mit dem er umgeht. Hingegebensein heißt: das andere höher achten als sich selbst.

Brüderlich sein heißt: den Bedarf anderer Menschen sehen, ihn empfinden und sich selbst dabei vergessen. Wer bei fremdem Leid eigene Erfahrungen heranzieht und davon berichtet, hat nicht brüderlich hingehört. Wer bei einem Leid des anderen nur dieses erlebt und ganz darin aufgeht, der erlebt brüderlich.

So geht es dem arbeitenden Menschen, der eingebunden ist in einen Produktionsgang. Es gibt zwar viele Fließbandarbeiten, die so monoton sind, daß die Gedanken wandern können – aber dies sind keine echten Gedanken. Die Tätigkeit, auch wenn sie gleichförmig ist, fordert so viel an ständiger Aufmerksamkeit, daß nur in einer Oberflächenschicht des Bewußtseins die Gedanken spielen. Die eigentlichen Gedanken sind beim Arbeiten und verfolgen dies in selbstloser Weise.

Im alten Handwerk konnte der Meister sich selbst erleben. Er gestaltete Formen, die dieses Selbsterleben deutlich erkennbar machen. Alte Möbel, Kirchenbänke sind voller ausgewölbter Formen, die sich zu überschlagen scheinen. Moderne Formen sind zurückhaltend, und das so weit, daß sie fast gar keine Aussagekraft haben. Moderne Arbeitsweisen nötigen dem tätigen Menschen auf, daß er sich selbst ganz zurücknimmt, daß er auf alles Selbsterleben verzichtet und nur den Arbeitsprozeß wirken läßt. Hinter diesem Prozeß steht immer der Mensch als Empfänger der Ware. Es ist also das Tun des Arbeitenden ausgerichtet auf den Mitmenschen, nicht auf sich selbst.

Diese Haltung wird dem einzelnen vom Arbeitsgang, wie er in unseren Fabriken herrscht, aufgenötigt. Durch die Arbeitsweise werden zwar unüberschaubar viele Waren hergestellt, und wir alle sind Nutznießer dieser Überfülle an Gütern, aber der einzelne Mitarbeiter wird als Mensch vernachlässigt. Liegt das nur an dieser Arbeitsweise, oder entspricht es einem Bedürfnis unserer Zeit, so zu arbeiten?

Der heutige Mensch verlangt nach Arbeitsteilung und stellt sie her, auch da, wo es gar nicht nötig wäre. Alte Leute wehren sich oft dagegen, junge hingegen wünschen sie und führen sie ein. Sie fühlen sich wohl, wenn sie arbeitsteilig arbeiten können.

Wer so arbeitet, trägt ein Gedankenelement ins Tun hinein, das früher störend empfunden wurde. Heute wird es als wohltuend erlebt. Zugleich tritt der Arbeitende zurück hinter den Arbeitsvorgang. Er erlebt sich als einzelner nicht mehr. Er ist ein Glied eines Produktionsganges. Er fühlt sich der Gruppe und dem Prozeß angehörig.

Damit ist ein Verzicht verbunden. Früher gesteigertes Selbsterleben, heute Zurücktreten des einzelnen. Früher zeugte ein Werk von der Meisterschaft eines einzelnen. Heute kann man den Anteil des eigenen Tuns nicht mehr am fertigen Stück erkennen. Früher Selbstdarstellung, heute Verzicht.

Diese Vorgänge werden dem Arbeitenden nicht bewußt. Er arbeitet so, wie er sich in seiner Zeit erlebt. Früher anders als heute. Wir sind leicht geneigt, dem, was früher galt, höhere Qualität zuzuordnen, und sehen aber an unseren Überlegungen, daß man auch der heutigen Arbeitsweise positive Elemente abgewinnen kann.

Der erwähnte Verzicht auf Selbstdarstellung hat innerhalb der Entwicklung der Menschheit einen hohen Stellenwert. Rudolf Steiner weist darauf hin, daß diese Tugend, in die der heutige Mensch arbeitend hineinwächst, eine sehr wesentliche Aufgabe in die Zukunft der Menschheit hinein hat.

Die wenig erfreulichen Seiten des anderen und des Daseins drängen sich dem Bewußtsein deutlich auf. Man kann mit dem Finger darauf weisen. Die schönsten Tugenden aber werden dem Menschen selten bewußt. Die wirklich schönen Seiten einer Sache bleiben oft unerkannt, weil sie unaufdringlich im Schatten bleiben. So auch hier. Man kommt nicht leicht auf den Gedanken, in der heutigen Arbeitsweise eine Tugend zu sehen, aber recht betrachtet zeigt sich die Berechtigung der Wahrnehmung. Jeder Verzicht bringt etwas Gutes ins Dasein, auch dann, wenn man es nicht bemerkt.

Wo geschieht eigentlich Mutterliebe? Jeder kennt sie und ordnet sie dem inneren Bild, seiner Vorstellung von Mutter und Kind zu. Aber bei welcher Gelegenheit zeigt sie sich? Wenn die Mutter das Kind herzt und küßt? Doch wohl nicht nur dann. Wenn sie an es denkt? Auch dann nicht nur und gewiß nicht erkennbar für das Kind. Wann erfährt das Kleine die Liebe der Mutter? Im Tätigsein. Immer wenn die Mutter handelt, richtet, wirkt. Ihre Bewegungen drücken diese Liebe aus, ihr stilles Tun, ihre Zuwendung zu den Dingen im Kinderzimmer, im Richten des Essens, der Kleidung, des Bads. Lieben heißt tätig sein. Über dem Tun entfaltet sich die Liebe.

Das gilt auch für das Arbeiten und Tun in jeder anderen Lage. So wie die Mutter für das Kind tätig ist, so sind viele Menschen für die Aufgabe tätig, der sie dienen. Sie sind hingegeben tätig. Sie schauen nicht auf das Eigene, sondern nur darauf, daß die Arbeit gut gemacht wird. Einen Garten sauber pflegen, ein Zimmer bis in die Ecken putzen, ein Werkstück in der Schreinerei glatt schleifen – all solches Tun verrät in der Gestik eine Zuwendung, die Liebe genannt werden darf.

Man erkennt ein lieblos gefertigtes Stück, man merkt rasch, ob eine Mahlzeit liebevoll oder ohne innere Zuwendung gekocht wurde. Überall, wo Menschen wirken, kann diese Liebe leben. Sie kann auch fehlen und wird dann sehr entbehrt.

Eine gut geführte Produktionsstätte wird von oben durch Planen und Ordnen gelenkt. Sie lebt aber von unten, aus dem genannten Element. Man muß nur die einzelnen Arbeiter beobachten, muß die Meister sehen, wie sie ihren Bereich verwalten, wie sie die Dinge richten, die den Arbeitsgang fördern, wie sie Störendes beseitigen, wie sie ein Wort haben für die Mitarbeiter. Ihre Aufmerksamkeit ist sorgend und pflegend, damit gut wird, was entsteht. Es gibt allerdings viele Gegenbeispiele, aber sie machen um so deutlicher, was an vielen Stellen fehlt. Das einigende Band des Arbeitens ist die Zuwendung des Arbeitenden zu Material und Gerät. Man darf dies Liebe nennen.

Eine weitere Überlegung zeigt das in seinem Stellenwert. Unsere Kaufhäuser sind voller Waren, die aus der ganzen Welt zu uns kommen. Oft sind es die Kostbarkeiten der fernen Länder, die bei uns in den Warenhausregalen stehen. Der Welthandel macht das möglich. Man bedenke nun, daß hinter jedem Stück im Regal oder in der Auslage Menschen stehen, die daran gewirkt haben – viele von ihnen mit echter Hingabe, der wir eben eine so hohe Stelle einräumten. Nehmen wir an, wir tragen Hemden oder Blusen, die in Taiwan genäht wurden. Die einzelne Arbeiterin nahm Stoffteil nach Stoffteil vom Stapel, fügte es zusammen mit dem nächsten, legte es auf die Arbeitsbahn der Nähmaschine, und schon surrte die Maschine los. So Stück um Stück – eines wie das andere –, den ganzen Tag. Die Arbeiterin hat bestimmt Sorgen, vielleicht Kummer. In die Tätigkeit fließt nichts davon. Jedes Stück ist sauber genäht. Welche Zuwendung, welcher Verzicht auf Persönliches liegt darin!

Man kann von all den vielen Warenstücken das Materielle einmal hinwegdenken und nur die genannte Qualität ins Blickfeld rücken. Dann handelt es sich nicht mehr um Kleidungsstücke, Nahrungskonserven usw., sondern um einen hellen, lichten Teil, den der arbeitende Mensch dem Stück – den vielen Stücken – mitgegeben hat. Man darf die Zuwendung, die in jedem Stück liegt, Liebe nennen, man darf sie auch Licht nennen. So kann man in den Gütern, die Menschen anderen Menschen zuwenden, Lichtströme um die Erde wandern sehen. Es ist eine Ahnung eines zukünftigen Erdenzustandes, den man so erblickt.

Die Menschheit ist noch weit davon entfernt, diese helle Seite ihres Wirkens vorzeigen zu können. Die Schatten verdecken viel von diesem Licht, und wenn die erwähnte Zuwendung nicht weitgehend unbewußt wäre, würde sie kaum so stark wirken.

Aber sie wirkt. Es ist sogar anzunehmen, daß ohne sie große Teile unserer stolzen Produktion zusammenbrechen würden. Sie wirkt und trägt, und es ist an der Zeit, sich dies bewußtzumachen, um es pflegen zu können.

Literatur

Michael Brater, *Eingliederung durch Arbeit,* Stuttgart 1988.

Rudolf Grosse u.a., *Zum heilpädagogischen Kurs Rudolf Steiners,* Stuttgart ^{2}1981.

Manfred Schmidt-Brabant, Wert und Würde der Arbeit, in: Stefan Leber (Hrsg.), *Arbeitslosigkeit. Ursachen und Auswege,* Stuttgart 1984.

Alexander Solschenizyn, *Ein Tag im Leben des Iwan Denissowitsch. Erzählung,* München 1968.

Rudolf Steiner, *Allgemeine Menschenkunde als Grundlage der Pädagogik,* GA 293, Dornach 91992.

- *Anthroposophische Pädagogik und ihre Voraussetzungen,* GA 309, Dornach ^{5}1981.
- Die Erziehung des Kindes vom Gesichtspunkte der Geisteswissenschaft, in: *Grundlegende Aufsätze zur Anthroposophie und Berichte aus den Zeitschriften Luzifer und Lucifer-Gnosis 1903–1908,* GA 34, Dornach ^{2}1987.
- *Erziehungskunst. Methodisch-Didaktisches,* GA 294, Dornach ^{6}1990.
- *Erziehungskunst. Seminarbesprechungen und Lehrplanvorträge,* GA 295, Dornach ^{4}1984.
- *Gegenwärtiges Geistesleben und Erziehung,* GA 307, Dornach ^{5}1986.
- *Die Geheimwissenschaft im Umriß,* GA 13, Dornach ^{30}1989.
- *Die geistig-seelischen Grundkräfte der Erziehungskunst,* GA 305, Dornach ^{3}1991.
- *Heilpädagogischer Kurs,* GA 317, Dornach ^{7}1985.
- *Das Karma des Berufes des Menschen in Anknüpfung an Goethes Leben,* GA 172, Dornach ^{5}1991.
- *Die Kernpunkte der sozialen Frage,* GA 23, Dornach ^{6}1976.
- *Die Philosophie der Freiheit,* GA 4, Dornach ^{15}1987.
- Reinkarnation und Karma, in: *Grundlegende Aufsätze zur Anthroposophie und Berichte aus den Zeitschriften Luzifer und Lucifer-Gnosis 1903–1908,* GA 34, Dornach ^{2}1987.
- *Theosophie. Einführung in übersinnliche Welterkenntnis und Menschenbestimmung,* GA 9, Dornach ^{31}1987.
- *Wie erlangt man Erkenntnisse der höheren Welten?,* GA 10, Dornach ^{24}1993.

Thomas J. Weihs, *Das entwicklungsgestörte Kind. Heilpädagogische Erfahrungen in der therapeutischen Gemeinschaft,* Stuttgart 1991.